JN410395

노 려 수필집

그랜드 센트럴 역에서 달리기

그랜드 센트럴 역에서 달리기
노 려 수필집

1판 1쇄 인쇄/ 2015년 10월 5일
1판 1쇄 발행/ 2015년 10월 10일

지은이 / 노 려
펴낸이 / 우 희 정
펴낸곳 / 도서출판 소소리

등록 / 제300-2007-21호
주소 03068 서울 종로구 혜화로35, 302-1호
(경주이씨중앙회빌딩)
전화 / 765-5663, 766-5663(Fax)
e-mail: sosori39@hanmail.net
www.sosori.net

값 12,000 원

*잘못된 책은 바꿔드립니다.

ISBN 979 - 11- 5891- 041 - 9 03810

그랜드 센트럴 역에서 달리기

노 려 수필집

책을 내면서

구슬을 꿰는 인연

시인 김송희 선생님과는 길고 가느다란 실에 작은 구슬 알을 한 알 한 알 꿰는 인연을 지녔다.

이 세상을 살아가는 일은 나를 둘러 싼 여러 가지 인연의 연결이다. 한 사람의 인생을 좌지우지하는 인연에는 좋은 인연 나쁜 인연 그리고 보통의 인연이 있는데, 그 인연들이 얽히면서 엮어지고 이어져가는 것을 한 발 뒤에서 지켜보면 참으로 신비하기만 하다. 선생님과의 인연은 정확하게 27년 전으로 거슬러 올라간다. 친구 김원숙의 소개로 그 당시 뉴욕 한국일보에서 문화 문예쪽을 담당하시던 그분의 시화전 그림을 그려 드린 것으로 시작된다. 만약 선생님께서 나에게 신문 삽화를 그려 보지 않겠냐고 권하시지 않았다면, 그리고 그것을 내가 받아들이지 않았다면 우리는 그저 보통의 인연으로 끝났을 것이다.

신문사에 일주일에 한 번씩 가서 한 주일분 연재소설이나 칼럼에 삽화를 그렸다. 하루가 이틀이 되고 이틀이 사흘이 되었다. 그러다가 미술 기사까지 쓰면서 일이 더 늘어나자 1주일에 4번 출근하는 파트타임직은 없다고 해서, 두 아이 놓고 풀타임으로 날고뛰는 기자 노릇을 했다. 돌이켜 보면 그 당시 김 선생님과 함께했던 신문 만들기가 황금과 같은 시절이었다. 그 후 우여곡절 긴 세월을 지내면서 나는 아직껏 신문일을 하고 있다.

선생님은 언제 어디서나 매사에 늘 나보다 반 발짝 앞에서서 슬쩍 뒤를 돌아다 봐주시고 또 반 발짝 뒤에서 내가 스스로 내 발걸음을 재촉하게끔 은근히 밀어 주신다. 그것이 지금까지다.

이제, 책 하나 만들어 보지 않겠냐고 하셨다.

책을? 엄두가 나지 않아서 뭉그적거릴 때마다 선생님은 고운 말씨로 권면해 주셨다. 정말 좋은 인연이 아닐 수 없다.

뒤늦게 책을 엮으려니까 화가들의 회고전이라든가 또는 가수들의 히트곡 앨범처럼 지나간 세월을 한 자리에 모아 놓는 기분이 들었다. 마음속에 지워지지 않고 있는 일상의 에피소드를 글로 만들어 내면서 누가 챙겨주지 않은 내 삶을 스스로 정리하면서 히트곡 앨범을 만들 듯 리스트를 작성해 나갔다. 아무도 안 알아주는 히트곡일지라도.

내가 살아온 일거수일투족이 책 한 권으로 모아졌다. 그동안 아무렇게나 내뱉었던 내 생각들과 못내 내뱉지 못했던 속마음을 결국은 털어 놓은 것이다. 다듬을 사이가 없이 튀어나온 나의 글들이 내 눈에는 희귀한 구슬들로 끼어 만든 목걸이 같다.

과연 이것을 목에 걸고 다닐 수 있을지는 모르겠다. 그러나 한 알 한 알 이어진 글들은 내 자식들처럼 귀하기만 하다.

두 말이 필요 없다. 시시로 한없이 늘어지는 나를 비단결처럼 부드러운 말씨로 권면해 주신 김송희 선생님 덕분이다.

앞으로 28년, 29년, 30년… 선생님과의 이 좋은 인연은 다음 생애까지 이어질 것이다. 그때에는 내가 선생님의 선생님이 되어드리면 좋겠다.

2015년 가을에

저자 노려

▸책을 내면서

늘 그 자리에 그렇게

자기의 길을 가는

바로 이런 사람이어야

그 다음 또 그 다음으로

저 맨치에 늘 허드슨 강이

늘 그 자리에 그렇게

남 얘기 내 얘기

나는 늘 남의 얘기를 한다. 남에 대해서 잘 아는 척 늘어놓는다. 다행히도 그것이 나의 직업이다. 우리는 '남 얘기는 하지 말라'면서도 남의 얘기를 정말 좋아한다. 그러니까 나의 일은 계속되고 있다. 우리가 매일 읽고 듣고 보는 것 대부분이 결국은 남이 일이기 때문이다.

그 옛날 1987년도의 일이다. 여성잡지사를 시작한 대학 후배 이영혜가 뉴욕에 사는 한국 사람들에 대해서 좀 써 보내달라고 했다. 영어 때문에 잔뜩 스트레스를 품고 있을 때였으니 한국말로 하는 일이라면 뭐든지 할 수 있을 것 같았다. 글을 써 본 경험이 별로 없었지만 아무 주저 없이 남의 얘기를 쓰기 시작했다. 잡지나 신문에 실린 만한 사람들이라면 고군분투했을 외롭고 긴 시간들을 대범하게 몇 개의 문장으로 압축했다.

원고지와 필름이 든 두툼한 봉투를 들고 우체국을 찾아가 국제우편으로 보내면 한 달쯤 후에 잡지가 온다. 내가 쓴 글이 활자화되어 멋진 사진들과 함께 잡지의 몇 장을 차지하고 있는 것을 보니 뿌듯했다. 다만 페이지 한 구석에 작은 글자로 적힌 '글: 노려'에는 왠지 좀 씁쓸했다. 하긴 그렇지. 이걸 누가 썼는지는 중요하지 않지. 사람들이 관심 있는 건 내가 아니라 남이다. 글 속의 주인공이다.

사실 남에 대한 이야기를 활자로 남겨 놓은 일이 결코 쉬운 일은 아니다. 무심코 한 한마디가 영원히 남는 일이다. 그래서 저널리스트는 색안경을 벗어야 하고 절대로 자기 목소리를 내면 안 되는데도 드라마틱한 남의 인생 스토리에 내가 먼저 덤벙 발을 들여 놓게 된다. 분명 남에 대해 쓴 글 속 어딘가에 슬그머니 나를 엮어 놓았을 것이다. 경계도 긋지 않고 말이다. 어디까지나 '남의 일'인데도 감 놓아라 배 놓아라 하고 싶은 것이다.

이제 내 이야기를 하려니까 좋기도 하고 걱정도 된다.

내 얘기는 소설 몇 편 감이 결코 아니다. 이역만리 타향살이에 소설감이 더 구구절절 할 만도 한데 내게는 그런 이야깃거리가 없다. 언제나 적당한 선에서 중간 지점을 유지하느라 애를 쓰긴 했어도 놀랍고 감동스런 드라마는 없다. 그럼에도 딴 얘기를 쓸 마음은 없다. 부득부득 내 이야기를 하고 싶다.

내 얘기는 남의 얘기보다 더 어렵다. 속을 다 드러내놓고 나서 창피하지 않을까, 별것을 다 자랑한다고 욕을 먹지 않을까 조심스럽다. 자기 자랑은 하고 싶어도 남이 하는 자랑은 듣고 싶지 않은 것이 인간 심리인 것을 잘 안다. 누구나 자기 얘기를 하고 싶으면서도 자기 얘기만 하는 사람을 좋아 하지 않는 법이다. 내가 내 얘기를 하면 듣는 사람에게는 그것이 남의 얘기인데도 말이다.

방법이 생각났다. '내가 나에게 들려주는 나의 이야기'다. 허공에 외쳐대는 독백이 아니다. 일상의 쳇바퀴를 한 박자 멈추고 내가 나하고 두런두런 나누는 이야기다. 마치 남 얘기 하듯 내 얘기를 하는 거다.

아, 갑자기 순서도 없이 할 말들이 터져 나온다. 남의 이야기만 잔뜩 늘어놓았던 반작용인가 보다. 60년간 둘둘 말린 실타래가 아무데서나 실밥이 풀린다. 지금 이 순간이 10년 전, 20년 전, 30년 전으로, 아니 그보다 더 까마득한 어린 시절로 뒷걸음친다.

지나간 일들이 지나가 버린 것이 아니었다. '이민을 가려거든 고향을 추억할 일이 없는 어린 나이에 가야 한다'라고 했다던가. 한국서 살아낸 세월이 짙은 안개가 물러나듯 모습을 드러낸다. 다 잊어버린 줄 알았던 일들이 컴퓨터 자판기 위에 떠오른다.

어머니가 들려주시던 이야기가 토씨 하나까지 생생하다.

부엌문 앞에서 기다리고 있으면 할머니가 작은 종지에다 갓 지은 흰밥에 고추장을 비벼 '엣따' 하고 주신다. 그걸 받아들고 맵고 뜨거워 후후 불며 먹었다는 이야기, 여학교 시절 농촌 봉사라고 시골에 가서는 일본 선생님에게 호되게 야단을 맞으면서도 거머리가 무서워 끝까지 논에 들어가지 않은 이야기. 1·4후퇴 피난 길 기차역 화장실에 갔다가 꽁꽁 언 손으로 바지 지퍼를 올릴 수가 없어서 기차를 놓친 이야기, 부산 보수동 '하꼬방'에서 고구마를 삶아 먹고 나를 낳으러 병원에 갔다는 이야기, 나를 포대기에 싸안고 집에 오는데 온 동네에 추석 빈대떡 지지는 냄새가 진동했다는 이야기 등등… 내 어머니 말고는 그 누구도 경험할 수 없었던 구구절절한 이야기들이다.

내 얘기들도 이렇게 내 아이들 마음 밭에 뿌려지겠지. 그러다 먼 훗날 자기들 이야기 속에 비쭉이 싹을 틔울지 말지 그건 내가 알 바가 아니다. 지금은 그저 내 마음대로 내 얘기를 늘어놓고 싶을 뿐이다.

내 이름 노려

'무슨 이름으로 할까.' 부르기 쉽고 예쁘고 뜻도 좋은 이름을 하나 만들어 보려고 했다.

초등학교 때부터 학년이 시작할 때마다 내 이름이 쉽게 넘어 가질 않았다. 김씨부터 차례로 출석을 부르던 선생님이 잠시 뜸을 들이면 내 차례인 줄을 안다. '노오…' 우선 눈을 들어 아이들을 바라보고 나서 선생님은 다시 출석부를 내려다보며 '려-어?' 하신다. 그리고는 본격적으로 누가 노려인가를 찾으신다. '네에' 손을 반쯤 올린 나를 확인하고는 혼잣말처럼 '노오, 려!' 하신다. 첫 시간에 이름 때문에 선생님과 눈을 마주치며 중·고등학교를 지냈고, 대학 때에는 그 흔한 대리 출석 한 번 못해 봤다.

내가 나를 소개하는 일도 쉽지가 않다. 나도 "제 이름은요…" 잠시 뜸을 들이고 나서 또박또박 "노오~ 려어~ 예요.

성이 노오구요, 이름은 려어. 고구려할 때 려예요." 한다. 그러면 모두들 '아하!' 한다.

이어령씨의 령자는 실은 '영'인데 '어'자 뒤로 가서 '령'이 되었다고 한다. 나의 '려'자는 '여수'처럼 '여'라고 해야 되지만 누구도 나를 '여 야' 또는 '여 씨'라고 하질 않고 '노려야', '노려 씨'로 부른다.

가장 많이 듣는 질문이 누가 이름을 지어 줬냐는 것이다. 그럴듯한 사연이 있을 만한 '려'자는 단순히 어머니가 좋아하던 중국 여배우 리리화(李麗華)에서 '려'자를 따왔다고 한다. 려자 하나만으로는 이쁘지만, 어머니가 아버지의 성을 전혀 고려하지를 않았기에 한 번 들으면 잊기 어려운 이름이 된 것이다.

다음으로 사람들이 많이 물어보는 것은 "그러면 다른 형제들 이름은요?"이다. 나는 이 질문이 제일 좋다.

"노리, 영리할 리자예요. 이롭다는 이자에 사람 인변한 거요. 아버지가 글 쓰는 친구들과 술자리에서 지었다고 해요. 노선이는 조선일보 선자구요. 막내는 창경원 원자, 노원이예요." 대답이 즐겁다.

이름으로 덕을 보기도 한다. 여학교 때 신발주머니, 앞치마, 덧신에 이름을 수놓을 때에 가장 큰 덕을 봤다. 한문 '盧麗'는 보통 이름 석 자 합한 것보다 더 많은 획수인데 한글 '노려'는 직선 몇 개면 되기 때문이다. 그리고 내 이름을 말할 때 아예

'짜려 봐, 뭘 노려'가 별명이라고 이실직고하고 나면 처음 만난 사람하고도 무장해제가 되는 것도 덕 중에 하나다.

미국에 와서는 '려(RYO)'라는 나의 영어 이름에 남편의 성 계(KEH)가 붙어서 더 문제가 되었다. Ryo Keh! 보기에는 간단한데 미국 사람이 '롸이여 케이~' 소리쳐도 나는 멍청하게 앉아 있곤 한다. 미국에 오자마자 친구가 미국 이름 하나 짓자고 할 때 공연히 자존심을 부렸나 후회도 했다. '계려'가 '노려'보다 더 이상해서 나는 여자들이 남편 성을 쓰는 미국인데도 나의 이름을 그대로 쓰고 있다.

맨 처음 이름 바꾸기를 시도해 본 건 내 블로그를 만들 때였다. 그러나 암만 생각해 봐도 마땅한 이름을 찾지 못해 포기했다. 얼마 전에는 필명을 하나 가져볼까 해서 또 내 이름을 들먹였다. 그러나 또 막막했다. 누구한테 부탁을 해볼까 했지만 남편은 그냥 봐도 내 이름은 꼭 필명처럼 보인다고 했다. 채운(彩雲)이라는 호를 갖고 있는 어머니에게 '나도 호를 하나 지을까?' 했더니, 어머니는 차분한 어조로 '뭐라고 지어도 좋은데 '려'의 뜻을 떠나지는 말라.'고 하신다.

얼마든지 내 맘대로 해도 될 텐데 내가 갖고 싶은 우아하고 부드러운 이름을 찾지 못했다. 우아하고, 부드러운? 노려보고 째려본다는 이미지에서 좀 벗어나고 싶었었나? 생각해 보니 나에게는 '노려'가 더 가까운 듯하다. 뭐든지 노려보면서 살아 온 것 같다. 어쩌면 이름이 남 다르다는 것 때문에 남과는 좀 달라야 된다고 생각하고 눈에 힘을 주고 살아왔을 수도 있다. 노려(Ryo Keh)로는 도무지 어느 나라 사람인지 또 여자인지 남자인지 알 수가 없기 때문에 더욱더 나의 아이덴티티에 힘을 썼었는지도 모른다.

자기 이름에 책임을 져야 하는 나이는 언제인가? 한 평생 나를 대변해준 그 이름에는 이제 책임을 져야 할 것 같다. 이제와서 '노려'로 살아온 세월을 부인할 수는 없는 것이다.

노려보지만 말고, 어머니가 "노려야. 생각해봐. 아름다울 려, 고울 려… 얼마나 뜻이 좋으니." 하신 려의 뜻을 살려보자. 고구려나 고려까지 멀리 거슬러가지 않더라도, 남해로 수학여행 갔을 때 흠뻑 반했던 야생 동백꽃으로 덮였던 여수(麗水)의 고운 물결이 생각난다.

내 이름을 바꿔보려는 생각을 고이 접었다. 미국인들과의 이름 문제도 해결되었다. 리오 데자네이로(Rio de Janeiro)의 '리오'라고 하면 "오우. 뤼오!" 하면서 좋아들 한다. 비슷한 발음이기에 이용한 '리오 데 자네이로'는 사실상 세계에서 가장 아름다운 도시로 꼽힌다. 뿐인가. 노려는 브라질 이름 누리엘과 비슷하다. 누리엘의 뜻은 빛이다. 아름다운 빛, 노려!

어디까지나 이름은 겉모습일 뿐. 그 속에 담기는 삶은 내가 만들기에 달린 거다. 고운 이름에 걸맞게 빛나는 삶을 살아야겠다.

노 력

선물 받은 킨들을 앞에 놓고 난감했다. 잘 안 되는 일을 애를 써서 되게끔 해본 적이 별로 없다. 눈앞에 닥쳐오는 일을 겨우 처리해 왔다. 가다가 벽에 부딪치면 돌아가고, 오늘 못하면 내일 하고, 내일도 못하면 그만 둔다. 공부도, 운동도, 살림도, 직업도 또 노는 일조차도 언제나 '이 정도면 됐다.'에서 그친다.

어떤 책이든지 쉽게 다운로드 받아 읽는다는 얄팍한 네모 판때기를 묵묵히 바라다본다. 손가락으로 밀어 보고 눌러 보지만, 아무런 작동도 안 된다. 여기저기 두드려 봐도 조용하다. 아예 시작이 안 되는 거다. 오케이, 관두자. 종이로 된 책도 다 못 읽어서 쌓여 있는데, 뭐 내 돈들인 것도 아니니 포기할 만한 이유가 충분하다. 박스에 다시 넣으려다가 '아니다, 잠깐. 나는 항상 요만큼에서 멈춘단 말이야.'는 생각이 든다.

어떤 일이건 적당한 순간에 손을 놓아야 할 정당한 이유는 많다.

꼭 안 해도 큰일은 아니다. 이거보다 더 먼저 해야 일이 있다. 애써 한다고 해도 결국에는 마찬가지다. 스트레스가 쌓이면 건강을 해친다. 안 되는 일에 억지를 쓰는 것은 바보다. '지나치면 아니 한만 못하다.'라는 격언에서부터 Think Twice! Don't worry, be Happy 명언들을 등장시킨다.

내 이름 노려에 기역자 하나 더 붙이면 되는 '노력'이란 단어가 내 사전에는 없었다.

'무엇을 하든지 열심히 한다.'라는 쪽지가 어느 집 냉장고에 붙어 있는 걸 보면 "아니 '무엇을 하든지'라니. 그 일이 좋은 일이 될지, 나쁜 일이 될지 어떻게 안다고 미리 '무엇이든지'라고 할까. 참, 답답하네."라고 생각한다. 더구나 '한 번 한다 했으면 꼭 한다.'라는 말은 아예 싫어한다. 상황이 바뀌고 마음도 바뀔 수 있는데 어떻게 자기가 한 번 말했다고 해서 그걸 끝까지 밀고 나가냐 말이다. 그 고집으로 얼마나 주변 사람을 괴롭히며 살까 한심스럽다. 그렇지 않아도 어려운 인생을 왜 그렇게 미리 어렵게 정해 놓는지 이해가 되질 않았다.

이런 태도는 아마도 물려받은 유전인자 탓일 것이다. 학교 들어가기 전 이모가 날 데리고 간 곳이 고아원이었다. 아이들이 창문에서 얼굴을 내밀고 친구 왔다고 떠들어대던 모습이 선하다. 집에 돌아오니 어머니는 "난 거기가 유치원인 줄 알았네." 하셨고 그뿐이었다. 나는 유치원을 다니지 못했다.

초등학교 첫 성적표를 보여 드리자 아버지는 "중지상(中止上)이가?" 하셨다. 수, 우가 한두 개 있고 미가 수두룩한 내 성적으로 보시며 '뭐 이 정도면 됐다.'는 것이었다.

창경원에서 열리는 미술대회에서 도화지를 받아든 바로 그 자리에 앉아 눈앞에 보이는 것을 그리고는 가작을 했었다. "너 서울대 떨어지면 어떻게 할래?" 하시는 선생님에게 "홍대 가지요."라고 쉽게 대답하고는 2차인 홍익대학을 다녔다. 대학 4년을 마치기 전에 운 좋게 취직을 했고, 친구 덕에 미국엘 오자 곧바로 결혼을 하고 아들 딸 낳고는 한국 신문사에서 일을 하게 되었다.

한국인에게는 끈기가 있다고 했지만 나의 끈기는 한계가 있었다. 일이 좀 힘들어지자 신문사를 그만 두었다. 돈이 없다고 걱정하는 나에게 "쌀은 있니?"라고 하신 친정어머니 말에 고비를 넘겼다. 멋모르고 남들 다 하는 Mom & Pop 비즈니스로 뛰어들어 꾸려 나가다가 두 아이 대학 등록금이 겹쳤을 때는 융자로 해결했다. 경제 공황으로 비즈니스가 어려워지자 그냥 가게 문을 닫아 버렸다. 늘 그런 식이었다.

이제 와서 이까짓 킨들 앞에서 '모든 일에 노력을 했었더라면.' 후회와 반성을 하는 건 웬일일까. 새벽부터 두 발로 뛰며 성공한 사람들, 한 우물을 파 차곡차곡 공든 탑을 쌓은 사람들과 비교가 되서 그런가. 하지만 옛날로 돌아가서 노력이란 단어를 붙들고 애써 봤다고 치자. 이제 와서 또 다른 후회가 없었을까? '당연히 뭔가 반성꺼리가 있을 것이다. 인간이란 불완전한 존재, 이 나이에 이 정도면 됐다. 발등에 떨어진 일도 다 못하면서 공연히 최첨단 킨들까지….'

냉랭한 킨들 앞에서 유전인자가 발동을 한다. 노력을 하려던 마음이 한 바퀴 돌아와, '못 하면 말지'의 경지가 된다. 꽁꽁 짜여져 익숙한 나의 생활 철학으로 돌아가는 데는 아무 노력이 필요 없다.

아직 새것이니까 다시 박스에 넣어서 누구에게 선물로 줄까? 궁리를 하다가, 아, 잠깐 잠깐. 아니다. 그게 아니다. 편안한 모드로 빠져드는 나를 붙잡았다. 노력 한 번 해보자.

킨들 설명서를 들춘다. 몇 줄 못 가서 단어부터 막혔지만 이번에는 포기하지 않는다. 작은 글자에 눈이 아프기 시작했다. 에이 관둘까. 아니다, 해보자를 반복하면서 설명서를 따라 아이콘 몇 개를 누르다 보니 시커멓던 화면이 환히 열렸다. 이 느낌이 흔히 말하는 성취감이라는 것인가.

공연히 유전인자 탓은 말자. 중·고등학교 개근하고, 30년 넘게 선생님을 하고 있는 둘째 동생, 피아노를 전공 한 셋째 동생은 퀼트로 킹사이즈 침대보를 만든다. 공부벌레인 막내는 학사 석사 다하고 살림하다가 50세에 학사 석사를 또 시작했다.

의기양양하게 다음 달 읽을 북클럽 책을 $9.99에 다운로드 받았다. '노력은 성공의 어머니'라는 진리 말씀을 붙잡기에 늦지는 않았을 것이다. 지금부터라도 노력할 일들을 세어 본다. 일찍 자고 일찍 일어나기, 밥 먹고 나서 당장 설거질 하기, 하루 20분 운동하기. 해보려고 해도 해내지 못하고 있는 일부터 시작하자.

한 번 노력한다고 했으면 꼭 노력해야 한다.

숲 속 나무 한 그루

숲을 바라보면 마음이 편안해진다.

이때 숲이란 저 멀리 보이는 숲이 아니고, 숲 속에 들어가서 보는 숲도 아니다. 그 옛날 유럽의 시인들이 시 한 수 읊어 내던 그런 사색의 숲은 물론 아니고 그렇다고 햇빛 자락이 겹겹이 포개어져 나무 사이로 뽀얀 사선을 긋는 포토제닉한 숲을 말하는 것도 아니다.

달리는 차 속에서 내다보는 숲이다. 매일 매일 일터로 오고 가는 하이웨이에서 바라보이는 그 평범한 숲을 말한다. 동네 길을 나서자마자 둥그런 곡선으로 이어지는 6차선 하이웨이의 양쪽은 숲으로 벽을 이룬다. 눈앞에 보이던 숲이 다가오기가 무섭게 뒤로 사라지면서 계속해서 숲은 조금씩 모습을 달리하며 다가오고 사라지며 전개된다.

하루에 1시간만 더 있으면 좋겠다며 허둥지둥하면서 초라

한 내 자신이 한심하기만 하던 때였다. 나에게 미국은 대서양 건너 저 멀리서 바라보던 멋있는 숲이었다. 그 숲 속으로 한 발자국 한 발자국 걸어 들어갈수록 숲은 나를 압도했다. 커다란 바위와 얽힌 덩굴과 맞닥뜨리며 풀숲에 멈춰 서서 주변을 둘러보곤 했다. 바위를 타고 올라가든지, 덩굴을 헤쳐 나가든지 아니면 방향을 바꾸어 비껴가든지 해야 할 끝을 모를 정글이었다.

인라이트먼트가 따로 없다. 별 일 없이 운전하고 가던 어느 날 차창으로 지나치는 나무들을 무심코 바라보다, 아하! 한 것이다. 숲 속 나무들을 좀 봐라. 하나하나가 다 다른 나무들이 모여서 그냥 하나의 숲을 이루고 있잖아. 맞다. 나라는 존재도 마찬가지다. 한눈에 무슨 나무인지도 구별이 안 되는 어떤 자그마한 하나의 나무, 내가 바로 이 거대한 세상 속에서 그러한 존재가 아니겠는가.

웅장한 자태의 소나무가 있고 잎이 무성한 떡갈나무도 있다. 눈에 띄는 몇몇 나무들 말고 나머지는 모두가 다 이름 없이 한데 섞여 있을 뿐이다. 가까이 가서 보면 제 나름대로 개성 있는 모습을 하고 있을 것이다. 그러나 언뜻 눈에 띄었다가는 순식간에 무한대의 풍경화 속으로 파묻혀 버리는 나무 한 그루. 맞아! 깨우침이 따로 없다. 그게 나다.

나무들 사이에는 이름 모를 수풀이 우거지고 덩굴이 엉겨 있다. 마른 가지에는 버섯이 움틀 것이다. 바위와 호수가 있고 시냇물이 흐르며 노루 사슴이 뛰놀고 있을 것이다. 늑대나 곰도 있다고 들었다. 평화로워 보이는 저 숲은 약육강식의 자연 원리대로 존재하며, 예상 못한 별똥별이 떨어지든지 태풍과 폭설과 산사태를 당하면서 변화무쌍하다. 우리네 인생과 뭐가 다른가. 사람들은 치열하게 살고 있지만 우주에서 내려다보면 하나님이 '보기에 좋았더라' 하신 오색찬란한 하나의 별이다.

여름이 지나기도 전에 새빨갛게 물을 들이는 나무가 있는가 하면 나뭇잎이 다 떨어진 후에도 늘 푸른 나무가 있다. 오랫동안 같은 길을 다니다 보니 한 덩어리로 보이던 숲 속에서 그나마 어떤 나무는 알아보기도 한다. '글쎄, 좀 커진 것 같네.' 겨울이면 그동안 감추어져있던 숲 속이 들여다보여서 가로로 쓰러진 나무들을 본다. '언젠가는 썩어서 거름이 되겠군.'

온통 흰 눈에 덮일 때 차 속에서 음악이라도 들으며 바라보는 숲의 광경은 환상이다. 그러다가 어느 날은 늘어진 버드나무 가지에 보일 듯 말 듯 연둣빛 물이 오르는 걸 눈치 채면서 '아 또 한 바퀴 세상이 돌아가겠군.' 한다.

하이웨이를 달리며 시시로 숲 속에 있는 나를 찾아보곤 한다. 큰 나무들 사이에서 제대로 크지 못한 나무가 보인다. 옆으로 휜 나무도 있다. 넝쿨에 둘둘 감긴 나무도 있고 가지가 꺾인 나무도 있다. 나는 어디에 있을까? 내 나무는 저 뒤쪽에 숨은 저것일까? 하 꿈도 크다. 덤불 사이에 섞인 풀 한 포기일 수도 있다. 피식 웃는다.

'안 보이면 어때.' 분명히 저 속에 내가 있다는 생각만으로도 마음이 편안해진다. 오늘도 일하러 가는 하이웨이에서 양쪽 시야에 LED 대형 화면보다 더 선명하게 펼쳐지는 대자연의 3D 파노라마를 감상하며 내 모습을 관조한다.

흰 테두리의 빨간 튤립

나를 뉴욕에 도착한 첫날밤으로 되돌려 준 것은 작은 튤립 그림이었다. 황규백 씨가 그린 테두리가 하얀 튤립 꽃 판화에서 한 세월 전 그날 밤이 생생하게 살아났다.

미국에 '한 번 가볼까' 마음을 먹은 것은 지방 대학에서 가르치다가 고속버스 타는 일에 싫증이 날 즈음이었다. 친구 김원숙이 번번이 미국에 오라고 해도 상상도 못하고 있다가, 미국 유학을 하고 오면 서울에 있는 대학교로 갈 수 있을 거라는 주먹구구였다. 비행기 타야 가나보다 하던 시절이라 큰 기대를 안했는데 노처녀에게는 잘 안 준다는 비자가 즉석에서 나왔고, 홀트 아동기관을 통해서 비행기 표를 반값으로 사고는 얼떨결에 비행기를 탔다.

말이 안 통하는 캐나다인 신부랑 둘이서 말이 더 안 통하는 입양아 세 명을 맡았다. 신부님이 남자아이를 보겠다고 해서, 앙앙 우는 서너 살짜리 여자애와 갓난애는 내 차지가 되었다. 담배연기 자욱한 뒷좌석에서 내 품에서 떨어지지 않으려는 여자애를 달래주고 먹여주고 재워주고 동시에 어린 애기 기저귀를 갈아주고 젖병을 물려줬다. 승객들이 불쌍한 눈길로 '쯔쯔' 하는 것이 꼭 나한테 하는 것 같았다.

케네디 공항에서 아이들을 미국 사람들에게 넘겨줄 때에는 속이 다 시원했다. 제일 늦게 나오는 나를 양손 흔들며 맞이하는 친구를 봐도 실감이 나질 않았다. 차 속에서 '저기가 맨해튼이야' '저기가 양키 스테디움이야.' 하면 고개를 돌려 바라보면서 건성으로 '으응' 할 뿐이었다.

하이웨이를 달리고 또 달려 좁은 길거리로 들어서서도 한참만에야 도착한 곳은 어두컴컴한 골목이었다. 누런 가로등 불빛에 드러나 보이는 건물 덩어리가 스산했다. 편지를 통해서 원숙이가 아르바이트를 하면서 맨해튼에 100년 된 낡은 브라운 스톤 건물을 사서 남편이랑 직접 고치고 있다는 것을 잘 알고는 있었다. 그러나 이 정도일 줄이야. 건물 안으로 들어가니 벽도 문도 모두 희끗희끗 칠이 벗겨진 검정색이었다.

짐을 들고 삐걱거리는 층계를 4층까지 올라가 어느 방 앞에 멈추었다. 원숙이가 문을 활짝 열자 완전히 딴 세상이 벌어졌다. 환한 불빛에 향내까지 풍기는 그림 같은 방이다. 편지에 '네 방을 만들어 놨어.' 했던 그 '나의 방'이다. 사방 벽에는 보랏빛 은행잎이 바람에 날리듯 가득히 그려져 있고, 방 한 구석에 옅은 주황색조의 침대가 반듯하게 놓여 있다. 그리고 무대처럼 높은 천장으로부터 길게 내려뜨려진 우윳빛 레이스 커튼 앞엔 빨간 튤립 한 송이가 꽂혀 있었다.

꽃잎 가장자리가 하얀색으로 둘려진 생전 처음 보는 튤립이었다.

현관문을 X자로 막은 판자때기를 뜯어내고 산더미 같은 쓰레기를 치우며 수도, 전기 공사부터 했다는 그 혼란통 속에서, 내가 전주에서 사서 보낸 한지를 벽에 바르고 그 위에다 그림까지 그리고는 또 백화점에서 나눠주는 향수 샘플 종이까지 갖다 놓으면서, 원숙이는 분명 내가 이 방에 들어서는 순간을 상상했을 것이다. 상상했던 대로 그 순간에 원숙이는 큰 보람을 느꼈으리라. 그날 밤 나는 밀크 박스 위에 판때기를 올려놓아 만든 간이침대에 눕자마자 잠이 들었다.

물론 그 후로도 여기저기서 이 튤립 꽃을 봤을 테지만, 인생 줄타기에 밸런스를 잡느라 정신없이 살던 어느 날 선물 받은 황규백 씨 판화작품에서 바로 그날 밤의 그 튤립과 재회를 한 것이다.

창가에 단 한 송이 놓여 있는 그림 속 튤립이 곧바로 까마득히 잊고 있던 뉴욕의 첫날밤으로 직결된 것은 신기한 일이다. 몸과 마음이 파김치 되어 있었던 그날 밤 분명히 이 이국적인 한 송이 꽃을 보며 무의식중에 '아, 이쁘다'라는 느낌을 가졌을 것이고 그 찰나에 어쩌면 형용할 수 없는 한 줄기 희망을 품었을 수도 있다.

화가 황규백 씨와 화가 김원숙과 내가 흰 테두리의 빨간 튤립으로 연결이 된 것은 이상한 일이 아닐 것이다. 영혼과 영혼이 기묘하게 화합되었을 수도 있다. 인생은 이렇게 느닷없는 엮어지는 멋으로 살아지는 게 아닌가.

이 그림은 지나간 한 순간을 그대로 간직한 채 늘 내 곁에 있다. 꽃잎 끝을 흰 페인트로 슬쩍 터치하고 지나간 듯한 빨간색 튤립! 친구 하나 믿고 무작정 비행기를 탄 내 마음처럼 늘 그 자리에 그렇게 피어있다.

내 고향 맨해튼 142가

517 West 142nd Street, New York, NY 10031.

내가 처음으로 가졌던 미국 주소다.

이 집은 브로드웨이 선상에서 동쪽으로 몇 걸음 안쪽에 있고, 거기서부터 두어 블록 서쪽으로는 허드슨 강이 흐르고 있다. 그 허드슨 강이 내게 한 구실을 해주었다. 강 이름을 궁여지책으로 써 먹었기 때문이다.

'내가 살고 있는 곳은 브로드웨이가 바로 앞에 있고 거기서 쭉 걸어가면 허드슨 강이 나와.' 맞는 말이지만, 뉘앙스는 무척 달랐다.

그 유명한 브로드웨이 뮤지컬의 42가에서부터 100블록을 북쪽으로 올라온 142가 브로드웨이는 완전히 딴판이다. 지저분한 거리에 허름한 차림의 사람들이 어슬렁거리며 바로 옆 암스테르담 에브뉴는 낮에도 살벌했다. 나이 30에 친구 찾아 뉴욕엘 온 우물 안 개구리에게는 기상천외한 동네였다. 이름하여 스패니쉬 할렘이다.

허드슨(HUDSON)! 얼마나 낭만적인 이름인가. 맑고 순수한 자연과 예술적인 품위가 느껴진다. 선망의 눈으로 나를 떠나보냈을 내 가족과 친구들이 편지를 읽으며 '과연 노려가 멋진 뉴욕엘 갔구나' 하고 부러워하길 바랐다. 아니 그보다는 내가 살고 있는 현장을 말하고 싶지 않았던 것이다. 누구라도 브로드웨이 하면 네온사인이 휘황찬란한 화려한 거리를 떠올릴 것이고, 허드슨 강에서는 빠리의 세느강을 연상하겠지. 하는 바람이었다.

방이 많으니까 염려 말고 오라고 한 원숙이 말대로 5층 브라운스톤 빌딩에 층층이 방은 많았지만 방다운 방은 하나도 없었다. 지하실부터 옥상까지가 공사 중이었다. 예쁘게 꾸며진 내 방에서의 감격도 잠시, 그 방은 며칠 후에 헐리고 나는 짐을 싸들고 다른 층의 다른 방으로 옮겨야 했다.

나는 허드슨 강 말고도 '맨해튼 거리에는 밍크코트를 입은 멋진 남성들이 활보를 한단다.' '거리 모퉁이 마다 쥴리아드 학생들이 바이올린을 켜고 노래를 불러.' 멋지게 들리는 말을 골라서 편지에 썼다. 이렇게 한국에 보낸 편지가 실히 한 뭉치는 될 것이다. 지금도 그 주소를 외우고 있으니 말이다.

시끄러운 거리와 횟가루로 뒤덮인 원숙이 집에 살던 여름날 뜨거운 열기까지도 생생하다. '써머 타임, 앤 더 리빙 이즈 이지…' 멜로디가 속속들이 스며있는 듯 회칠이 벗겨진 높은 벽이 눈에 선하다. 이 집은 나 말고도 유학 온 신학생 부부, 뉴욕에 반해 주저앉은 화가가 살고 있었고 거의 매일 시도 때도 없이 드나들던 뉴욕의 예술가들로 해프닝이 벌어지곤 했다. 진실로 뉴욕에서만이 가능했던 장면들이다.

얼마 지나지 않아서 그곳을 떠났지만, 나는 아직도 그 허드슨 강변에 살고 있다. 142가에서 곧장 한 30분 정도 더 북쪽으로 올라온 우리 동네에서도 조금만 가면 허드슨 강이 나온다. 강이 내려다보이는 언덕 위의 교회를 다녔고, 여름이면 강가 공원으로 놀러 가기도 했다. 이렇게 한가한 동네에 살면서도 강을 지긋이 바라보는 한가로운 시간을 가져보지 못하는 것은 그때와 마찬가지다. 하지만 뉴욕에 첫발을 디딘 그곳이 때때로 그리움으로 떠오르곤 하는 것이 달라졌다.

저녁 때 138가에서 버스를 내려 전화를 하면 신학생 아저씨가 개를 끌고 나를 데리러 오던 그 거리가, 내가 살던 명륜동 창경원 뒷담길이나, 개천 물소리 시원하던 정릉 골짜기, 무거운 책가방을 몸이 휘어지게 들고 걷던 효자동 골목처럼 오로지 정겨움으로만 남아 있다.

아직도 내 땅 같지 않은 미국에서, 어느새 맨해튼 웨스트사이드 142가 517번지는 내 마음의 고향이 되어 있다.

맨해튼 냄새

뉴욕에 도착한 다음 날 낯선 향내에 눈을 떴다. 알고 보니 빨랫비누 냄새였다. 아래층으로 내려가는데 커피 끓이는 옅은 냄새가 올라온다. 한국에서 알던 커피 냄새가 아니다. 아, 내가 정말 뉴욕에 오긴 왔구나 했다.

밀크를 듬뿍 탄 커피와 아침을 먹고 나서 공항에 나를 데리러 오느라 목사님에게 빌렸던 차를 돌려주러 친구를 따라 브롱스에 갔다. 그리고 돌아올 때는 지하철을 탔다. 아직도 그 냄새를 잊을 수가 없다. 지하철역에 들어서자마자 코에 닿는 지독한 냄새. 그 냄새야말로 내가 정말로 먼 나라에 와 있다는 것을 확실하게 강조해 주고 있었다.

시내버스는 넓고 깨끗하고 밖을 내다볼 수 있어서 좋긴 해도 두 블록마다 있는 정거장에서 천천히 타는 사람들을 일일이 기다리며 세월아 네월아 한다. 지하철을 타면 내가 다니던 미술 학교가 있는 59가까지 30분이면 된다. '제일 앞 칸과 제일 끝 칸에 타지 말 것, 꼭 사람이 많은 칸에 탈 것, 기차를 기다릴 때 멀찌감치 서 있을 것' 원숙이의 명령을 명심했다. 지하철은 나의 발이었다.

북적대던 맨해튼 생활을 하다가 갑자기 결혼하고 나니 한가한 교외 생활에 익숙지가 않았다. 운전도 못 하면서 두 아이 키우자니 어딜 가던 남편이 운전해 주고, 내가 일을 보는 동안 차 속에서 기다려 주었다. 운전을 배우고 나서도 나의 발은 남편이었다. 답답하기가 그지없었다.

그러던 어느 날 맨해튼에 갈 일이 생기자 용기를 냈다. 남편에게 집에서 가장 가까운 지하철역까지만 데려다 달라고 했다. 걱정스런 남편은 역 앞에 날 내려놓고도 떠나질 못한다. 몇 번의 손짓과 눈짓 후에 차가 떠나는 걸 보고 나서 지하철역으로 들어서는데, 헉. 이 냄새!

까맣게 잊었던 냄새, 맨해튼 냄새다. 지린내와 썩은 냄새가 진동하는 층계를 내려갈 때 머리가 어찔하다. '맞아. 내가 이 뉴욕에 왔던 거였지.' 반가웠다. 토큰을 사들고, 철거덕 쇠문을 밀고 들어서면서는 왠지 자신감까지 생겼다. 희끗한 불빛이 터널 끝 쪽에서 번뜩이더니 우레 같은 소리가 들린다. 나는 숨을 깊이 들이쉬고, 익숙하게 한두 발 뒤로 물러서서 다가오는 기차를 기다린다.

길바닥에서 허옇게 뿜어져 나오는 스팀에서 풍기던 흙냄새, 고층 건물 사이를 감돌던 프렛쯜 굽는 냄새와 땅콩 볶는 달콤한 냄새. 백화점의 짙은 향수 냄새. 지하철 안까지 스며들어오던 차이나타운의 중국요리 냄새. 맨해튼에 첫발을 디뎠던 그해 2월, 이런 냄새들이 맨해튼을 이루고 있었다. 골목마다 산더미처럼 쌓여있는 쓰레기 더미와 홈레스 사람들에게서 나던 역겨운 냄새까지 다 합해서다.

영화도 보고 책을 읽기도 했고 상상도 했었지만, 뉴욕이 품고 있는 이 냄새야말로 직접 와보기 전에는 알 수 없는 것이다. 특히 지하철 냄새는 말이다. 잊고 있던 지하철 냄새에서 단박 고향을 느꼈다. 그리웠던 곳에 다시 온 바로 그 느낌이다. 처음부터 나를 압도했던 맨해튼이라는 곳은 지하철 냄새까지도 내 머리에 기록이 된 것일까.

'고향 집 어머니의 밥 짓는 냄새'라는 구절에서 어린 시절 전체가 표현된다. 말로나 글로나 표현할 길이 없는 냄새에 무슨 이론이 있을까마는, 뉴욕에 오자마자 코를 자극했던 온갖 냄새가 내게는 어머니 밥 짓는 냄새다.

가끔씩 맨해튼에 갈 때마다, 길모퉁이 포장마차의 입맛 도는 핫도그 냄새와 쥬얼리를 주렁주렁 단 멋쟁이 할머니의 짙은 향수 냄새가 나를 반겨준다. 물론 지하철 냄새도 포함된다.

카푸치노와 피칸 파이

희련이가 그리니치 빌리지 멕두걸 스트릿에 방을 얻었다. 내가 뉴욕에 오자마자 원숙이가 아주 오래된 유명한 찻집이라며 데리고 갔던 '레지오(Regio)' 카페가 있는 거리다. 콩깍지만 한 아파트에 룸메이트와 함께 사는 딸 희련이를 보러 그리니치 빌리지를 세월을 거슬러 걸었다.

그리니치 빌리지의 모습은 세월만큼 달라졌지만, 그 카페는 아직도 그 자리에 그대로 있다. 더 커지지도 깨끗해지지도 않았다. 1920년대에 문을 연 레지오 카페 주인이 카푸치노를 처음 미국에 소개했다고 한다. 그날 원숙이는 레지오에서 카프치노와 피칸 파이를 시켰다. 그때 나는 카푸치노를 처음 맛보았다. 그러나 피칸 파이는 한 번 먹어 본 터였다.

미국에 오기 직전이었다. 경복궁 앞 현대화랑 옆에 있는 '준'이라는 이름의 카페였다. 도로에서 한층 내려가 자리 잡고 있던 '준'은 넓은 유리창과 하얀 색조로 꾸며진, 그 당시로서는 최첨단의 멋쟁이 다방이었다. 대학 시절, 피터 폴 앤 메리의 노래를 잘 부르며 유난히도 히피스러웠던 동창생 이광조를 미국으로 떠나오기 직전에 만난 곳이다. "그래. 다들 미국으로 가는구나." 하는 말에 나는 "그냥 한 1년쯤 있어 볼까 해." 했었다. 이광조가 피칸 파이를 시켰다. 나는 피칸 파이라는 것을 이때 처음으로 맛보았다. 그러니 레지오에서 피칸 파이를 먹으며 이광조 생각을 안 할 수가 없었다.

마지막 잎새처럼 가난한 예술가의 무드 있는 거리로 생각했던 '그리니치 빌리지'는 생각보다 평범한 곳이었다. 뉴욕의 수천만 얼굴 중의 한 얼굴이었다. 나는 혼자서 블리커 스트릿의 싼 영화관에도 가고, 재미있는 물건들을 구경하러 그리니치 빌리지를 가보곤 했다.

희련이가 서너 살쯤 되었을 때, 신인 가수가 된 이광조가 뉴욕에 왔다. 우리 가족 모두가 동원되어 반가운 동창생에게 맨해튼 구경을 시켜줬다. 당연히 그리니치 빌리지에도 갔다. 주차가 어렵기도 했지만 두 살난 아들과 함께 남편은 차에서 기다리고, 딸만 데리고 우리 셋은 유명한 '르 피가로 카페'를 찾아가 급히 커피 한 잔씩을 마시고 나오기도 했다.

지금 생각하니 친구에게 미안하다. 청바지 통기타 시절 그렇게도 꿈에 그렸을 밥 딜란과 오 헨리의 그리니치 빌리지를 웬 아줌마와 남편과 두 어린 애까지 동행을 했으니 말이다. 차에서 아이랑 기다리는 남편을 신경 쓰면서도 마치 대학 시절로 돌아간 듯 내가 오히려 더 흥분을 했을 것이다.

이광조는 그 후 뉴욕엘 오면 꼭 연락을 하더니, 차차 그가 뉴욕을 다녀갔다는 걸 나중에 뉴스에서 알곤 했고 이제는 연락이 끊어진지 오래다. 언제부터인가 카푸치노를 찾기보다는 레귤러 아메리칸 커피에 만족하고, 설탕 덩어리 피칸 파이는 될 수 있으면 멀리한다.

얼마 전 '르 피가로 카페'가 문을 닫았다는 뉴스를 들었다. 희련이가 내 나이가 되도록 '카페 레지오'는 남아 있을까?

딸아이를 찾아가는 그리니치 길목에서 한 조각 피칸 파이와 카푸치노에 스며 있는 하도 싱싱해서 떫기까지 했던 젊음이 그리워진다.

콜럼버스와 눈을 마주치다

콜럼버스의 옷자락을 슬쩍 만져본 것은 무슨 인연일까.

애들이 "엄마 생일에 맨해튼에서 뭐 하나 구경하고 맛있는 저녁 먹자."라고 하는데, '보통 생일 때에도 그 정도는 했잖아. 이번에는 좀 더 크게 잔치를 해야 되는 거 아니야?'라고 말하고 싶었다. 자손으로부터 큰절 받는 것은 아니더라도, 바람과 파도를 거쳐 온 60년 생일은 좀 특별하기를 기대했다.

기대는 채워졌다. 크리스토퍼 콜럼버스 씨를 만나본 것으로 특별한 날이 되었기 때문이다. 그의 동상이 뉴욕에 세워진 지 꼭 120년이 된 해를 기념하는 전시와 함께 나의 환갑을 기념했기 때문이다.

센트럴 파크가 시작되는 남서쪽을 콜럼버스 서클이라 부르는 이유가 바로 그 동상 때문이다. 50년을 뉴욕에 살았다는 마이클 블룸버그 뉴욕 시장도 한 번도 콜럼버스 동상을 올려다 본 적이 없다고 고백했고 아마 대부분 뉴요커도 그랬으리라. 나 역시도 그 복잡한 콜럼버스 서클을 수없이 지나 다녔어도 한 가운데 우뚝 서 있는 동상에는 전혀 관심이 없었다. 미국 어디에나 있는 흔한 동상 중에 하나로 여겼다. 아무도 신경 쓰지 않는 콜럼버스 동상에 새삼스럽게 눈을 돌리게 한 것이 일본 작가 다쮸 니시(Tatzu Nishi)의 '콜럼버스를 발견하다(Discovering Columbus)'라는 설치 작품이다.

100년이 넘도록 공중에 서서 눈, 비, 바람을 맞아온 콜럼버스 씨에게 처음으로 따스한 안식처, 아늑한 리빙룸이 생겼다. 높다란 기둥 위에 홀로서서 외로웠던 그에게 사람들이 줄지어 찾아 올라왔다. 인터넷에서 표를 미리 구입했어도 한참 기다려서야 다쭈 니시 씨가 만들어 놓은 리빙룸에 들어갔다. 잡지가 놓여진 테이블과 푹신한 소파와 텔레비전 세트 등이 아주 평범한 미국 집이다. 다만 방 한 가운데 거대한 콜럼버스 씨가 버티고 서 있는 것이 기발함이다.

자기 집 방안에 이렇게 사람들이 꽉 들어차도 아랑곳 않고 저 먼 곳을 바라보고 있는 콜럼버스 씨. 지금 바다 끝 아른거리는 땅 덩어리가 보이십니까? 가까이서 보니 큰 바위 얼굴처럼 거대한 콘크리트 빛 얼굴에 뻥 뚫린 눈동자가 강렬하다. 아메리카를 발견한 눈이다.

그가 미국 땅에 발을 디딘 해는 1492년, 나는 500여년 후인 1982년에 뉴욕 땅에 발을 디뎠다. 동상이 세워진 60년 후인 1952년에 내가 태어났고 정확히 60년이 지난 오늘, 나의 환갑일에 콜럼버스 앞에 서 있다.

그의 옷자락을 스칠 때 아메리카는 그에게나 나에게나 낯설은 땅이었다는 공통점이 손끝으로 전해 온다. 분명한 건 이 사람 덕분에 내가 미국에 왔다는 것이다. 내 생일이 콜럼버스 데이와 같은 가을이라서 이 전시를 바로 내 생일 날에 볼 수 있었던 것, 일본인 작가가 나와 동갑으로 그도 환갑이라는 것까지도 참 대단한 인연이 아닐 수 없다.

이제 더 이상 콜럼버스는 회색빛 동상이 아니다. 우린 옷깃을 스친 사이다.

콜럼버스의 리빙룸에서 내려와 길 건너 타임워너 빌딩에서 콜럼버스의 불 켜진 방을 바라보면서 마신 칵테일과 이태리 음식은 잔칫상보다 훨씬 근사하다.

그의 뚫는 듯한 눈빛을 언제 다시 가까이서 볼 수 있을까마는, 그날 후로는 가끔씩 콜럼버스 서클에 갈 때마다 일부러 고개를 들고 동상을 올려다본다.

아직도 바다 저 끝에 어렴풋이 나타나는 육지를 바라보고 있는 콜럼버스 아저씨. 뭘 그렇게 뚫어지게 바라보십니까. 눈웃음을 보낸다.

자기의 길을 가는

오바마 마마

민주당 대통령 후보로 무조건 힐러리 편이었다. 그런데 대학생 아들이 오바마의 책을 들고 다니기에 "흑인? 아직은 좀 이르지. 나이도 어리고." 하면서도 뉴스마다 쏟아지는 오바마에 관심이 갔다. 후보 지명전이 치열해지면서 인종 문제가 은근히 팽팽해지고 흑인 목사를 두고 파문이 일어나자 오바마가 깜짝 놀랄 정도로 솔직하게 자신이 겪은 흑인차별에 대한 감동적인 연설을 했다.

그것이 내 마음을 바꾸어 놨다.

오바마의 한을 알 것 같았다. 뉴욕 타임즈 신문에 실린 이 연설문에는 수천 개의 독자 의견이 달려있다. 그걸 일일이 다 읽어보면서 마치 링컨 대통령의 노예해방 때와 같은 역사의 현장을 실감했다. CNN뉴스와 유튜브를 찾아다니며 오바마를 따르다보니 힐러리가 뒷전으로 밀려 버렸다.

나는 오바마가 꼭 대통령이 되어야 한다고 열변을 토하곤 했다. 그러자 흑인이 얼마나 한국 사람들을 질투하고 싫어하는 줄 아냐며 "흑인이 대통령이 되면 신나서 더 우리를 깔볼 거예요."라는 사람들과 부딪쳤다. 미국에서 50년 넘게 사신 어느 분도 "백인들이 흑인을 찍을 것 같으냐? 어림없지. 오바마를 칭찬하다가도 투표 당일에는 백인을 찍을 것이다."고 하셨다.

그럴수록 이 문제가 미국에서 두 아이를 낳아 키운 나의 일로 다가왔다.

아마 눈치가 없었는지 미국사람들로부터 대놓고 차별을 당해본 경험은 거의 없다. 하지만 어딜 가나 무의식중에 나의 얼굴을 의식하며 살았다는 것은 확실하다. 애들에게 도시락을 싸주는 일에서부터 한국인이라는 걸 염두에 뒀고, 학부모 회의나 학교 행사엘 갈 때마다 나도 모르게 행동이 자연스럽지가 않았던 것이다.

오바마가 민주당 후보로 확정이 되자, 우리 동네 잡지에 흑인들이 털어놓는 이야기가 특집으로 실렸다. 불과 몇십 년 전만 해도 흑인에게 집을 팔지 않은 것은 물론이고 흑인들이 들어갈 수 없는 레스토랑이 있었다고 한다. 한 변호사는 자기가 수영장 물속에 들어가자 백인 아이들이 기겁을 하고 나가길래 덩달아 같이 뛰어 나왔던 어렸을 때 일을 회상한다.

사실 요즘도 크게 다를 바가 없다. 젊은 흑인 아빠가 어린 아들을 데리고 스타벅스에 갔는데 뒤에 선 백인 여자가 공손한 말투로 "우리 애가 당신 아이의 머리카락 좀 만져봐도 돼요?"라고 해서 단호하게 "NO"를 했다고 한다. 아직도 백인 동네에 사는 흑인 부모들은 자식들에게 다른 집에서는 생각도 못할 삶의 지침서를 써준다.

> 학교에서 노래 부르고 춤추지 말 것, 거리에서 뭘 먹지 말 것, 더워도 옷을 벗지 말 것, 티셔츠를 입지 말고 단추 달린 셔츠를 입고 다닐 것, 백인 여자가 혼자 있는 엘리베이터는 타지 말 것, 가게 안에서 어슬렁거리지 말고, 껌 하나를 사도 꼭 영수증을 받을 것, 운전을 하다가 경찰이 세우면 의자 밑에 있는 녹음기를 틀어놓고, 무조건 순종할 것.

우리 아이들이 자랄 때는 동양 아이가 들어왔다고 백인 애들이 수영장에서 뛰어나가는 시대는 아니었다. 특별 지침서를 써주진 않았지만, 얼굴색이 다르다는 편견을 당할까봐 늘 노심초사했다. 그럼에도 내 아이들이 나름대로 편견을 당하며 자랐다는 것을 안다. 좋은 대학 나와 돈 많이 버는 직장에 들어가기만 하면 이제 다 된 것이 아니다. 아직도 그들 앞에는 두꺼운 벽이 가로 놓여 있다. 눈에는 안 보여도 절대로 뚫고 나갈 수 없는 글래스 월(Glass Wall)이다.

버락 오바마가 대통령이 되었다고 골이 깊은 인종 차별이 쉽게 없어지지는 않을 것이다. 에이브라함 링컨에서 버락 오바마까지 150년이 걸렸다. 버젓이 흑인 대통령이 있는 사회지만 아직도 백인 경찰들이 가벼운 범죄를 저지른 흑인을 무조건 쏘아 죽이는 일로 사회가 시끄럽다. 오바마가 외친 '변화(Change)'가 언제나 실현이 되려나.

이제 막 사회의 일원이 된 내 아이들이 투명한 벽에 부딪치지 않기를 바라는 내 마음은 오바마의 엄마나 어느 흑인 엄마의 마음과 크게 다를 바가 없다.

대통령과 세탁소 아저씨

클린턴 대통령이 내 앞에서 양복을 입고 벗고 했다. 결코 잊을 수 없는 경험이다.

'좋은 이웃이 되어주고 있는 클린턴 부부, 언제까지 이곳에 살 것인지?'라는 제목의 미국 신문 기사에 실린 몇 개의 사진 중 하나에 내 시선이 멈추었다. 빌 클린턴과 나란히 선 한국인의 사진이다. 사진 설명에는 '클린턴이 다이어트로 살이 빠졌을 때 양복을 줄여준 단골 세탁소에 걸려 있는 사진'이라고 했다. 클린턴 부부는 힐러리가 뉴욕 주 상원위원에 출마할 즈음에 우리 집에서 가까운 챠파쿠아라는 타운에 이사 왔다.

뉴욕에 있는 세탁소 대부분을 한국 사람이 운영하고 있으니 미국의 대통령이 한국인 세탁소의 단골이라는 건 남의 일이 아니었다. 한국 신문에도 내고 싶었다. 그 세탁소에 전화를 했다. "이게 기사거리가 되겠어요." 하는 세탁소 주인 정대웅 씨는 우연히도 예전에 같은 교회를 다녔던 사람이다. 미국사람들로부터 '미스터 정, 이제 유명인사가 되었네'라는 인사를 많이 들었다고 한다. 전화로 몇 가지 질문을 하고 기사를 쓸 생각도 했지만, 별로 멀지 않은 그 세탁소를 직접 보고 싶었다.

약속한 날 세탁소에 가니, 정대웅 씨가 바로 조금 전에 클린턴 집에서 옷 줄일 것이 있다고 와달라는 전화를 받았다며 함께 가자고 한다. 아니 이런 차림으로 어떻게 대통령 집에? 그러나 두 번 생각할 일이 아니었다.

호젓한 길을 잠시 운전해 가니 평범한 저택에 다다랐다. 정문 옆 수위실에서 경비아저씨가 나왔다. 좀 긴장이 되었다. 그러나 나를 바느질 조수로 알았는지 운전 면허증 맡기라고 하고 그뿐이다. 곧이어 비서인 듯한 젊은 남자가 나와 우리를 맞는다. 정 씨가 나를 같은 교회 사람이라고 소개를 하자 여기도 무사통과다.

집 안으로 들어서니 한 구석 책장 앞에 앉아 있는 웬 늘수구레 한 아저씨의 뒷모습이 보였다. 미처 빌 클린턴 대통령이라는 생각을 할 여유도 없이 "하이" 하는 귀에 익은 쉰 목소리가 들린다. 가슴이 덜컹했다. '에구. 저 사람이 클린턴이네.' 라벤다 색 셔츠에 청바지를 입은 저 사람이 그 유명한 빌 클린턴 대통령이란 말이지. 그는 책에서 얼굴을 들지 않은 채, 비서에게 옷 다 준비됐냐고 묻는다. 너무나 아무렇지도 않아

이상할 정도였다.

나는 더 이상 내 신분을 감출 수가 없었다. "실은 저는 한국 신문 기자인데, 뉴욕타임즈 기사를 읽고 우리 한국 커뮤니티에 대통령의 단골 세탁소를 알리고 싶어서 함께 왔어요."라고 이실직고 했다. 비서가 별 일 아니란 듯이 오케이 한다. 대통령도 내 말을 들었을 텐데 아무 말 않는다.

양복이 가득 걸린 기다란 철봉 같은 옷걸이 맨 끝의 옷부터 하나씩 클린턴 대통령이 꺼내 입고 서 있으면 정대웅 씨는 옷깃을 접어 바늘을 꽂는다. 바지는 옆방으로 가서 갈아입고 나오곤 한다. 정 씨가 작게 속삭인다. "노 선생님 때문에 저 방에 가서 입고 오는 거예요. 내 앞에서는 그냥 바지를 벗거든요."

소매를 당기고 어깨를 툭툭 두드리고 분필로 긋고 바늘을 꼽는 세탁소 아저씨에게 온몸을 맡기고 선 빌 클린턴 대통령은 "이 바지는 참 잘 맞았었는데, 이제 헐렁해졌다. 하긴 늙은 사람 바지들이 다 이렇지 않느냐." 술술 이야기를 한다. 내가 서서히 질문을 꺼내자 대답도 술술이다. 힐러리랑 오랜만에 이번 주말을 같이 보내게 되어서 강아지 데리고 이 근처로 하이킹을 할 것이라면서, 다음 주엔 시카고로 갔다가 곧장 아프리카로 가는 스케줄이 잡혀 있어서 멀리 안 가는 것이 그들에겐 제일 좋은 휴가라고 한다. 그리고 물어 보지도 않았는데 "여기 웨체스터가 미국 내에서 가장 녹지가 많은 주택가라는 걸 아느냐."는 대통령다운 말도 한다.

몇 년 전 딸 챌시의 결혼식에 나타난 빌 클린턴의 모습에 세상이 다 놀란 적이 있었다. 건강문제도 있었지만 딸을 데리고 들어가는 날씬한 아버지 역할을 하고 싶어서, 그 좋아하던 정크 푸드를 멀리하며 24파운드를 뺐다고 했었다. 그러나 2010년도에 또 한 번 심장 수술을 하고 나서는 철저하게 채식주의가 되었다고 한다. 그래서 이제 또 옷을 줄이게 된 것이다.

"정은 항상 믿음직해요. 들쑥날쑥한 내 바쁜 시간을 다 맞추어 주거든요." 하는 미국 대통령과 시종 미소를 띤 한국인 세탁소 아저씨라는 커다란 차이에 든든한 신뢰가 채워져 있는 것이 보인다. 클린턴 부부가 처음 이사 와서는 비밀로 몇 군데 세탁소를 다녀보고 나서 정대웅 씨 가게를 정한 이유는 약속시간을 가장 잘 지켜서라고 한다.

마지막 옷을 옷걸이에 걸었는데 대통령이 "잠깐만." 하더니 2층으로 올라가 베이지색 양복을 들고 내려온다. "이거 1992년 뉴욕 전당대회 때 입은 것이지…." 감회에 젖는 표정이다. 이제는 다 끝났나 했더니, 아참참. 또 후다닥 2층으로 올라갔다 내려오는 손에 바지 두어 개가 들려 있다. 갖고 있는 옷을 다 줄이는 것 같았다. 내가 한마디 했다. "우리 같으면 옷이 안 맞는 것이 새 옷을 살 수 있는 정당한 핑계가 되는데요." 대통령의 대답은 "우리는 경제 대공황을 지낸 가정에서 자라서 내핍생활이 몸에 배어 있습니다."였다. 지금 고치려고 내놓은 옷 대부분이 선물 받은 것이라며 비서가 보여주는 양복 안 주머니에 수놓아진 각 나라의 이름들이 다채롭다. 더이상 할 말이 없었다.

양복 몇 개를 직접 들고 오랜 친구처럼 우리들을 현관까지 배웅을 하는 빌 클린턴 전 대통령에게 불쑥 손을 내밀었다. "건강하세요. 미스터 프레지던트."라고 한 내 말은 진심이었다. 짧은 시간에 이렇게 친숙함을 갖게 하는 힘이 아마도 핸섬하고 마음 좋은 이웃집 키다리 아저씨같은 빌 클린턴의 카리스마인가 보다.

내가 쓴 기사는 나름대로 특종이 되어 신문 전면에 실렸다. 어쩌면 나는 수없이 옷을 벗고 입는 미국 대통령 앞에서 재미있게 이야기를 나눈 유일한 신문기자일지도 모르겠다. 클린턴 대통령과 나란히 찍은 사진을 아이들에게도 보내고 한국의 친정어머니에게도 보냈다.

힐러리와 나

밀짚모자를 쓰고 성조기 머플러를 한 힐러리 클린턴은 5월의 여왕처럼, 그러나 여왕이라면 그럴 수 없을 정도로 많은 사람들에게 바짝 둘러싸여 있다. 챠파쿠아 기차 역 앞 메모리알 데이(재향 군인의 날) 기념식장에서다.

나는 클린턴 대통령 내외를 이날 만날지도 모른다는 기대를 하고 있었다. 군중 속에 떠밀리면서 계속해서 사람들과 사진을 찍는 힐러리 바로 옆에 서 있다가 순간적으로 들릴 듯 말 듯한 그녀의 혼잣말을 포착했다.

"이제 어디로 가야 하나."

기회는 노리는 자에게 온다. "이리로 오세요." 당당하게 말했다. 마치 행사 요원의 한 사람인 것처럼 그녀를 이끌고 단상 쪽으로 갔다. 그리고는 오랫동안 힐러리 클린턴에게 하고 싶던 말을 했다.

"당신을 찍겠어요."

그때는 힐러리가 대통령 후보에 나선다는 발표를 하기 훨씬 전이었다. 내 말을 듣고 잠시 날 바라다보더니 힐러리는 '하하하' 소리 내어 웃었다. 그리고는 "오우, 땡큐. How Nice of you." 했다. 힐러리를 만나면 이 말을 꼭 하려고 했다.

힐러리를 좋아하기 시작한 것은 아주 오래전 TV모닝 쇼에 나온 단발머리에 헤어밴드를 한 젊고 발랄한, 예쁘고 똑똑한 대통령 부인을 봤을 때부터였다. 인물도 좋고 머리도 좋고 농담도 잘하며 부드러운 점까지 갖춘 여성이었다. 미국 정치에 대해서는 알지도 못하고 관심이 없었지만 그녀가 상원의원으로 출마하여 우리 동네 상가로 선거유세를 하러 왔을 때에는 일부러 구경나가 서 있다가 악수도 했었다.

대학 졸업 연설에서 20분이나 기립 박수를 받았다는 기가 막히게 스마트한 힐러리 로담이 결혼하고 아이 낳아 키우며 남편 뒷바라지를 했다는 것에 일단 호감이 갔다. 영부인에서 머물지 않고 자기의 길을 가는 그 여성이 대단해 보였다.

내가 받은 가정교육에는 여자가 따로 있질 않았었다. 어머니가 딸만 넷을 낳은 걸 한탄하시긴 했어도, 우리 집에는 남녀불평등이라는 것이 없었다. 남녀 공학 대학을 다닐 때에도 회사를 다닐 때에도 내가 여자이기 때문에 억울한 기억은 없었다. 그러다 처음으로 남존여비를 경험한 것은 지방 대학에 강의를 나갈 때였다. 장남에게만 가는 부모 의료 해택이 장녀에게는 해당이 안 된다고 했다. 심장이 좋지 않으신 아버지를 위해서 딸만 있는 집은 그럼 어떻게 하냐며 서무과로, 동회로, 구청으로 막힌 길을 뚫으러 다녔었다.

거의 여성운동가가 될 뻔했다. 물론 나는 여성운동가는 아니다. 여자도 인간이라며 데모하고 나서는 것은 좋아하지 않는다. 그보다는 말없이 자신 있게 살아야 한다고 생각하는 편이다. 남자와는 다르지만 똑같이 권위 있는 인간이라는 걸 내 스스로가 평소에 작은 일상생활에서부터 행동으로 보여주려고 했다. 물론 어려웠다.

2008년에 오바마가 혜성처럼 등장하자, 어느 모임에서 힐러리가 '여자'라는 타이틀에 힘겨웠던 이야기를 하며 눈물을 보인 것이 신문에 기삿거리가 되는 걸 봤다. 나와는 엄청난 거리의 여자였지만 힘겨움을 겪는 '여자'라는 점에서 한 뼘쯤 가깝게 느껴졌다.

국무장관직을 끝낼 무렵 주름 잡힌 얼굴과 대충 꽁진 듯한 머리와 두루뭉술해진 몸매의 힐러리 사진을 볼 때는 나와 조금 더 가까워진 기분이었다. 어느 여성 잡지 인터뷰에 그는 "내 남자동료들을 보면 샤워하고 수염 깎고 옷 입으면 되는데, 여자는 뭘 입었는지 어떻게 입었는지, 무슨 브랜드를 입었는지까지 시선을 받으니, 챙겨야 할 일이 너무 많아요."라고 했다. 맞는 말이다. 여성이라는 존재는 걸머져야 할 짐이 한 보따리다. 그 보따리를 지고도 인간으로서 갈 수 있는 최고의 자리인 대통령이 되려는 여자. 그것도 한 번 떨어지고 나서도 그 나이에 또 다시 도전하는 모습에 응원을 보내지 않을 수가 없다.

지금 대통령 후보로 나선 그의 일거수일투족을 쫓아다닌다.

정치는 모른다. 정말 모른다. 유색 얼굴을 한 내 아이들에게 큰 힘이 되어줄 것 같아서 오바마를 열심히 후원했었고. 지금은 내가 좋아하는 여성이기 때문에 힐러리를 응원한다.

남편 성공 시키고 나서 국무장관까지 너끈히 해낸 힐러리가 얼마나 야무지게 나라 일을 잘 하는지를 보여주기를 바란다. 물론 8년씩이나 대통령 경험이 있는 빌 클린턴이 아내에게 진 빚을 외조로 갚는 모습도 보고 싶다.

드라마

고향이 그립기는 해도 한국 TV드라마는 보지 않는다. 제일 큰 이유는 시간이 없기 때문이다. 느긋이 앉아서 볼 시간도 없지만 어느 극에서나 반복되는 먹는 장면, 우는 장면을 보고 있어야 하는 시간이 아까웠다. 신문 연재소설도 읽어본 적이 없듯이 안타깝게 끝난 드라마의 다음 편을 기다리는 것을 잘 못한다.

한창 모래시계가 인기가 있을 때에도, 또 대장금이 난리가 났을 때도 모이기만 하면 벌어지는 대화의 광장에서 문외한이 되곤 했다. 요즘에는 배우들이 낯설어서 흥미가 없고, 또 그 배우가 다 그 배우 같아서 더 재미가 없다.

극을 싫어하는 것은 아니다. 아니 오히려 극을 참 좋아한다. 한국에서 그 유명한 '아씨'도 '여로'도 밖으로 돌아다니느라 잘 보지 않은 내가 미국에 와서 살 운명이어서 그랬는지 '형사 콜롬보'와 '하와이 5-0' 같은 미국 TV극을 열심히 봤다. '리치 맨 푸어맨(Rich Man, Poor Man)' 우리말 제목 '야망의 계절'이 하는 날은 택시를 타고 집에 올 정도로 열중했다. 스토리도 재미있었지만, 머리카락 하나 흐트러지지 않은 냉철한 주인공 '루디 죠다시'를 애틋한 눈빛으로 그려낸 배우 피터 스트라우스에게 푹 빠져 있었다.

방학 때 애들 데리고 갔었던 맨해튼의 'Museum of Television'에서 애들이 만화영화를 보고 있는 동안 나는 곧바로 '리치 맨 푸어맨'을 찾아보았다. 피터 스트라우스의 얼굴을 보자 미국에 온 것을 잘했다 하는 마음이 들 정도였다. 몇 분간 훑어본 '야망의 계절'을 다시 보고 싶어 아마존 닷컴이며 유튜브며 수소문 해보기도 했었다. 그러다 얼마 전에 드디어 넷플릭스(Netflix)에서 찾아내고야 말았다. 2개씩 들어있는 DVD가 아홉 차례에 걸쳐 온 것을 한 달을 꼬박 컴퓨터 앞에 앉아 그야말로 '연속'으로 다 보고 말았다.

그때는 '미국'이기만 했던 극의 배경이 바로 내가 살고 있는 뉴욕이었다.

주인공들의 하이스쿨 시절 장면은 우리 집에서 한두 시간 북쪽에 있는 작은 도시다. 쥴리가 시외버스를 타고 가서 오디션을 보는 곳은 맨해튼 브로드웨이 42가, 쥴리를 찾으러온 루디는 이스트 사이드의 허름한 거리를 헤매고, 깡패가 된 탐이 숨어 있던 싸구려 호텔은 웨스트 사이드 30가쯤이다. 아, 내가 좋아하는 알로 가스리(Arlo Guthrie)가 노래 부르던 카페는 당연히 그리니치 빌리지에 있다. 그때는 선망의 눈으로 보던 드라마 장면들이 지금은 나의 삶의 현장인 것이다.

바다 건너 벌어지는 한국 드라마보다 미국 드라마가 더 친근한 것은 내가 한국에서 산 시간보다 여기서 산 시간이 많기 때문일까. 줄거리와 배우가 좋아서 봤던 연속 방송극이 이제는 내 생활과 직접 연결이 되니까 현실감이 나서 더욱 재미가 있다.

내친 김에 '형사 콜롬보'도 다시 봤다. 피 한 방울 없는 범죄이지만 스릴과 서스팬스는 그대로다. 다 아는 내용인데도 끝 장면까지 흥미진진하다. 동생이 살고 있어서 서너 번 가본 로스엔젤레스의 60년대 분위기에 마치 내가 살던 곳 같은 친밀감마저 든다. 또 하나 이렇게 본 TV극은 지난 7년 동안 방영한 '매드 맨(Mad Man)'이다. 60년대 70년대에 맨해튼에서 벌어지는 광고 디자이너들의 이야기에 빠져들어 몇 년에 걸친 드라마를 밀린 숙제하듯이 하루에 한 편씩 다 보고 말았다.

요새는 제인 폰다와 릴리 탐린이 나오는 '그레이스 앤드 프랭키'이다. 결혼 40년을 지낸 후 70살 넘은 남편들이 게이라고 고백을 하고 벌어지는 일이 전혀 남의 일이 아니다. 요즈음 사회적 이슈가 되고 있는 일들이라서 이 또한 흥미진진이다. 아직도 너무 날씬하고 멋쟁이인 제인 폰다를 은근히 롤모델로 삼아 보기도 한다.

인생은 드라마라는 말이 맞다. 4막 연극이 아니라, 기승전결이 없이 지속되는 텔레비전 연속 방송극이다. 한국 드라마에서 그렇게나 먹고 울면서 시어머니 며느리가 갈등하는 것도 이해가 간다. 그것이 사람 사는 일이니까. 영화 '트루만 스토리'가 생각난다. 자기의 일상생활이 텔레비전 드라마라는 걸 모르고 있던 트루만이 그 사실을 알고 나서 세트장에서 도망치는 이야기다. TV프로듀서가 트루만에게 다시 돌아오라면서 "현실은 드라마보다 더 진실이 없는 세상이다."라고 설득하지만 트루만은 도망에 성공한다. 그가 어떻게 진짜 현실을 살아낼지 걱정스럽다.

지금 내가 살고 있는 세상도 현실이 아닌 드라마라면 좋겠다. 내 주변 모든 사람들이 극작가가 꾸민 대로 움직인다. '야망의 계절'처럼 한 회가 끝나면 곧바로 다음 회를 여는 재미있는 연속 방송극이라면 좋겠다. 하지만 아직은 결론을 낼 수 없어서 우선 하루씩 살고 보는 나의 일일드라마를 꾸며 봄직도 하다.

맥도날드 다방

세상을 떠들썩하게 했던 맥도날드와 한국 할아버지들의 뉴스를 읽으며 홍대 앞 카타리나 다방이 생각났다. 플러싱 한인타운 할아버지들이 매일같이 새벽부터 맥도날드에서 일과를 시작하셨던 모양이다. 99센트 커피 한 잔을 시켜 놓고 앉아들 계시다가 매니저가 경찰을 불러 쫓겨나면 좀 있다 슬그머니 다시 들어오는 우리 할아버지들의 서글픈 모습에서 오랫동안 잊고 있던 나의 다방이 생각난 것이다.

카타리나에서는 하루에 한 번만 커피를 마시면 아무리 여러 번 들락거려도 괜찮았다. 어쩌다 오후 늦게 처음으로 다방엘 들어가면 영락없이 쟁반을 들고 주문을 받던 기억력 천재 미스 김을 모두가 좋아했다. 대학 4년 동안 매일 카타리나 다방엘 다녔다.

맥도날드의 노인들도 한국에서는 단골다방이 있었을 것이다.

마담과 레지 아가씨가 '아이구, 어서 오세요' 애교로 반기던 그 시절 그 다방. 분명히 날계란 넣은 쌍화차를 드셨을 테지.

하드 록 음악으로 귀를 멍멍하게 해주던 카타리나 DJ는 장발 단속 경찰이 들어오면 재빨리 '동백아가씨'를 틀었다. 나팔바지에 주렁주렁 구슬 목걸이를 달고 히피 흉내를 내던 우리들은 어두컴컴한 다방 안에서 귀중한 시간을 다 보냈다. 구석에 앉아 고개 숙이고 음악 듣던 단발머리 서강대학 남학생은 나중에 유명한 텔레비전 방송국 PD가 되었고, 가수 송창식도 카타리나 다방에 자주 들렀다.

강의실로 가기 전에 으레 카타리나에 출석 체크를 한다. 친구들은 여기서 삼각관계를 고민하고 인생을 논했다. 누군가를 애타게 기다리며 문이 열릴 때마다 고개를 돌리던 짝사랑 학생도 있었다. 학교 과제를 한답시고 스케치북 펼쳐놓고 앉았다가 배고프면 짜장면 한 그릇 사먹고 다시 와서는 또 멍청히 음악만 듣다가 가는 일이 다반사다. 대학 졸업을 할 때 후배들이 카타리나다방을 빌려 환송 파티를 열어줬다. DJ는 우리가 좋아하는 음악만 틀어줬고 고고 춤을 추며 예술이란 무기를 들고 뛰어 들어야 할 미지에 대한 두려움을 마비시켰다.

미국에 살면서 가장 답답했던 것이 바로 이런 인간적인 다방이었다. 플러싱 할아버지들처럼 누굴 만나 커피라도 한 잔 마시려면 그야말로 어수선한 맥도날드 밖에 없었다. 커피 한 잔에 한없이 노닥거릴 수 있는 우리의 그 아늑한 다방이 그리웠다.

약소민족 차별이라며 한인들이 데모까지 벌인 맥도날드 사건의 양쪽이 다 이해가 된다. 할아버지들 목소리는 또 얼마나 컸을까. 내가 맥도날드 주인이라도 자리 차지하고 있는 그 노인들이 눈엣가시였을 것이다. 하지만 힘없는 할아버지들을 상대로 경찰을 부른 것은 너무했다. 매니저랑 말다툼하고 경찰관이랑 실랑이를 할 때 할아버지들은 얼마나 콩글리쉬를 하셨을까. 아, 이민의 아픔이다.

타운마다 시니어 센터에 노인을 위한 프로그램이 넘쳐나지만, 한국 사람들과는 관계가 없다. 이민 1세들은 한국 정치서부터 교회 이야기, 골프이야기, 자식이야기, 오래 사는 이야기 한국 드라마 이야기를 마음껏 한국말로 수다 떨 수 있는 그런 장소가 필요한 것이다.

어디 조용한 곳에다 카타리나 다방을 한 번 차려 볼까. 카페가 아니고 다방이다. 손님들은 하루에 한 번만 커피를 마시면 된다. 나갔다가 다시 들어와도 눈총을 주지 않을 것이다. 세시봉 흘러간 노래가 나오며 한국말 신문 잡지를 읽을 수 있다. 혹시 카타니라라는 이름에 그 옛날 홍대출신들이 찾아오지나 않을지. 손님들이 도네이션 한 한국 서적들이 책꽂이에 꽂혀 있다. 물론 바둑이나 장기도 할 수 있고 수놓고 뜨개질도 할 수 있다.

메뉴에는 꼭 날계란 쌍화차도 넣을 것이다.

우리 이름 석 자

한국 이름에 무슨 죄가 있을까. 하이웨이에서 교통사고를 당한 한국 여학생이 아무런 항의도 못하고 경찰서로 끌려갔다고 한다.

경찰이 이름을 받아 적자마자 다짜고짜 수갑을 채우더라는 말을 해주던 학생의 어머니는 오래 전 일이었는데도 분을 이기지 못했다. 사고 현장에서 어깨를 다친 딸의 팔을 뒤로 젖히고 수갑을 채운 얘기를 하며 울먹였다. "그러게, 애초에 미국 이름을 지을 걸 그랬어요." 한다.

지명 수배된 다른 이름과 착각했다는 건데, 실수라고 하기에는 어처구니없는 사건이다. 소수민족에 대한 편견이 전혀 없다고는 할 수 없지만, 이름을 헷갈린 경찰의 실수를 완전히 나무랄 수만은 없다. 나 역시도 우리 한국 이름을 자주 혼동하기 때문이다.

잘 모르는 사람으로부터 청첩장을 받았다. SANG HYUN JUNG과 JEONG SOON PARK이란 이름으로 HYUN SUN BYUN과 SOON HO CHUNG의 결혼을 초대하는 카드를 들여다보면서 누가 누구랑 어떤 관계인가를 살펴보는데 정신이 다 없다.

우리 이름에 분명 죄는 없다. 있다면 혼동이 있을 뿐이다.

미국인 성과 이름은 뚜렷이 구별된다. 성별도 확실하다.

Mary, Susan, Jennifer는 분명 여자이고 John, Peter, David는 절대적으로 남자이다. Arnold Palmer와 Arnold Schwarzernegger는 이름은 같아도 성이 확실하게 다르다. 한국 이름은 이름 First Name과 성 Last Name의 구별이 애매하고 거의가 다 세 개의 짧은 단어로 구성되어 있으며, 이름만으로는 남녀의 구분도 불분명하다.

하이웨이의 그 경찰도, 한국 이름에서 성별만 분명했어도 수갑을 채우지 않았을 수도 있다. 예를 들어 Jung Young Kim 이란 이름을 Jun Young Kim, 또는 Kim, Yong Jung 아니면 Jung Young Min과 혼동했을 것이다. 우리 눈에도 어려운 데 하물며 미국인 눈에야 오죽 더 할까.

신문 기사를 쓰다보면 한국 이름을 영어로 써야 할 때도 있고, 영어로 된 이름을 한국 이름으로 적어야 할 때가 종종 있다. '정혜'란 이름이 영어로는 Jeong Hye, Jeong Hae, Jeong

Hea, Jung Hye, Chung Hye, Jung Hae, Chung Hae, Chung Hea… 중에 어느 것일까. 예전에는 한문자를 놓고 따지던 심오한 이름의 뜻은 온데간데없이 Jung이냐, Joung이냐 Chung이냐, Jeong이냐를 놓고 고민을 한다.

반대로 Hea Suk이란 이름을 한국어로 바꾼다면 혜숙, 혜석, 해숙, 해석, 희석, 희숙… 거기에 약자가 끼이면 더 복잡해진다. Sung H. Kim이란 이름에서 김성훈, 김성호, 김성희, 김성혜, 김성환, 김승호, 김승희, 김승훈, 김승환, 김승혜, 김성화, 김승현, 김성회, 김승헌, 김성한… 수학의 순열문제가 따로 없다.

미국식 이름도 김, 이, 박 성과 함께 쓰이면 마찬가지다. 내가 알고 있는 마이크 리, 데이비드 킴, 수잔 박, 제니퍼 리만 해도 여러 명이다. 또 한 가지는 제니퍼 리, 마이클 리가 중국인인지, 미국인인지, 한국인인지 불분명한 것이다.

여자 이름에는 할 말이 더 많다. 이민 초기에는 미국식으로 남편 성을 쓰던 여성들이 뒤늦게 자신의 성을 찾는다. 그래서 여자 이름만 보고는 과연 남편 성인지 자신의 성인지를 알 수가 없는 것이다. 자신의 성과 남편의 성을 같이 쓰는 경우가 요즘 트랜드이긴 하지만 '재클린 케네디 오나시스'는 이해가 되는데, Yong Hee Park Choi, Grace Kim Lee… 아무래도 어색하기만 하다.

근본적으로 한국어 영어 표기에 문제가 있는 것 같다. 미국 사람들이 한국에 가서 부산(Pusan)을 '푸센'으로 읽어 곤란을 겪는다는 말을 들은 적이 있다. 그러니 우리 이름의 영어 표기는 국가 차원에서 크게 다뤄져야 할 문제인 듯하다.

그러나 요즘 태어나는 젊은 한인 가정의 아기들 이름에서는 희망이 보인다. 어느 집 손녀딸의 이름이 예본(Yebon)이란다. 예수님을 본받으라는 뜻이란다. 예진(Yejin)이는 예수님의 진리라고 했다. 한자로는 무슨 예자를 쓰냐니까 한자는 없다는 것이다. 우리말로 의미 있는 소리음 그대로를 영어로 표기한다는 참신한 발상이다. 그렇구나. Jesus의 지저스나 스페인어의 헤수스는 그들의 발음이다. 우리에게는 예수다. 미래의 우리 이름이 한문이나 미국식 이름을 벗어나 독자적으로 나아갈 방향인 것 같다.

에드가 알란 포우다운 스토리

입을 꾹 다물고 뚫어지게 앞을 바라보는 남자. 뉴욕 타임즈 인터넷을 열자마자 화면에 떠있는 흑백사진이 날 끌어 당겼다. '볼티모어는 포우를 가졌고, 필라델피아는 그를 원한다(Baltimore has Poe, Philadelphia wants him).'

또. 벌써 몇 번째인가. 수시로 기사가 바뀌는 인터넷 페이지에 내가 열어본 그 순간에 그 얼굴이 나타나있었던 것은 정말 그냥 우연일까? 에드가 알란 포우!

집 앞에 있던 대형 서점 '반스 앤드 노블'서부터 에드가 알란 포우가 나타나기 시작했다. 비가 오던 그날 내가 '반스 앤드 노블'에 들어간 이유는 집으로 가는 지름길이었기 때문이다. 정문으로 들어가서 후문으로 나오면 곧장 우리 집 앞길이 되니까 항상 '반스 앤드 노블'을 거쳐 다녔다. 그날도 평소대로 진열된 책들을 건성으로 보며 빨리 빨리 걸어갔는데 왠지 세일 데스크로 눈이 갔다. 산더미처럼 쌓인 책 중 하나가 눈에 띈 것이다.

에드가 알란 포우 단편집(Short Stories of Edga Allan Poe). '혹시?' 베이지색 작은 책이 발목을 잡은 것이다.

에드가 알란 포우라는 이름에서 불현듯 이모가 생각났다는 것이 나중에 생각해봐도 참 이상하다. '혹시, 그 이야기가 에드가 알란 포우였을까?' 오래전 이모가 들려줬던 무서운 이야기다.

기억으로는 낡은 고성을 찾아간 남자가 층계를 올라가다 마지막 계단을 밟는 순간 뭔가 뭉클한 것이 밟혔으며 한밤중에 흰 옷을 입은 여자가 그 남자의 방문 앞에 나타났다는 이야기였다. 어린 나이에도 나는 이것이 흔히 듣던 귀신 이야기와는 뭔가 좀 다르다고 감지했던 것 같다. 병 때문에 학교를 다니지 못했던 이모의 목소리는 가늘고 조용했다. 제일 선명한 기억은 마지막에 남자가 그 집을 도망쳐 나올 때 '우루루루…' 성이 둘로 갈라지며 무너지는 사이로 둥근 달이 보인다는 것이다. 더욱더 낮아진 이모의 목소리에서 시커먼 건물이 검은 연기를 뿜으며 무너져 내리는 가운데에 하늘에 떠있는 불그스름한 달이 보이는 듯했다.

책 표지의 에드가 알란 포우라는 글자를 보면서 이모의 이야기가 깊은 바다 속 해초처럼 떠올랐다. 실로 50년 전 일이다. 책을 집어 들었다. 실마리가 되는 단어라도 있을까 먼저 목차를 살펴보니 'House'와 'Fall'이라는 단어가 보인다. 「The Fall of the House of the Usher」를 찾아서 마지막 부분으로 페이지를 넘겼다. 과연! 갈라지는 건물 사이로 붉은 달이 보인다는 내 기억 그대로였다.

와아, 그거네. 고학으로 대학에 들어간 이모는 영문학도였었지. 나의 기억력에 감탄을 하고는 책을 도로 내려놓음과 동시에 에드가 알란 포우는 다시 깊은 바다 속으로 들어 가버렸었다. 그러나 그는 얼마 후 다시 떠올랐다.

어린이 탐정 이야기 모음집 '뉴욕 살인사건'을 가게에서 읽고 있었다. 스토리를 하나 읽고 나서 다음 장을 넘기니 '에드가 알란 포우가 그를 죽였다(Edga Allan Poe killed him).'라는 제목이 써 있다. 어? 에드가 알란 포우? 맨해튼 북쪽 브롱스(Bronx)에 있는 '포우 공원(Poe Park)'에서 벌어지는 시시한 이야기였다.

너무나 유명한 작가이지만 '아나벨리'라는 시 이외엔 별로 아는 바가 없던 에드가 알란 포우가 갑자기 연거푸 내 앞에 나타나는 걸 우연의 일치라고 여겼다.

그러나 우연이 일치가 아니었다.

이번에는 우리 가게의 여름 총정리 50%세일을 할 때였다. 손님이 진열장 구석에 있는 몽블랑 펜을 보여 달라고 했다.

청색과 흑색이 마블처럼 섞인 두툼한 만년필에는 진짜 금으로 만든 정교한 촉이 달려 있다. 펜을 꺼내며 그 밑의 박스를 보며 숨이 멈췄다. '에드가 알란 포우'라는 흘려 쓴 글자가 금색으로 적혀 있다. 섬뜩하면서 나도 모르게 "죄송합니다. 이건 세일 물건이 아닙니다."라고 말했다.

십여 년 전 가게를 인수할 때부터 진열장 아래에 묵혀 있던 그 펜은 알고 보니 몽블랑 사에서 제작하는 한정판 예술가 시리즈 중에 하나였다. '천 달러가 넘는 건데 반값에라도 팔 걸 그랬나, 불경기에 공연한 짓을 했나'라는 생각이 전혀 들지 않았다.

뉴욕 타임즈에서 에드가 알란 포우를 본 것도 그 일련의 사건이 있은 직후였다. 그의 사진을 보며 마음이 복잡해졌다. 포우가 나에게 할 말이 있는 건가? 무슨 뜻이 있는 것일까?

포우 탄생 200주년이라며 볼티모어와 필라델피아가 그의 묘지를 차지하려는 싸움을 다루는 기사였다. 그가 많은 작품을 집필했던 필라델피아에서는 볼티모어에 있는 그의 무덤을 넘겨달라고 주장을 하고, 볼티모어는 링컨 대통령 살해범 무덤은 넘겨줄지언정 포우는 안된다며 버티고 있다는 기사이다.

자, 이쯤에서 포우라면 미스터리 작품 하나쯤 만들어냈을까. 뒤늦게 에드가 알란 포우 책을 읽어볼까 해도 문장이 어려워서 페이지가 넘어가질 않는다. 이모가 이 어려운 것을 읽으셨다니…. 이 모든 이야기를 어머니에게 했다. 어머니가 이모에게 내 이야기를 들려주니 이모께서 좀 흥분하는 목소리였다고 어머니는 이메일에 쓰셨다. 지금 이모는 병으로 누워계신다.

아직도 많은 부분이 베일로 감겨 있는 애드가 알란 포우가 왜 내게 신비스런 미스터리를 던져주었나. 돈 계산하며 앞만 보고 걷던 나에게 신경의 방향을 돌리도록 브레이크를 걸어준 것이다. 우연의 일치이건 미스터리이건 먹고 사는 일과 전혀 관계없는 이런 일들이야말로 인생살이를 흥미 있게 해주는 오묘한 맛이다.

얼 굴

“한껏 우주를 들여 마십니다.”

“허파 속으로 마음을 보냅니다.”

“발끝으로 숨을 내 보내세요.”

요가 선생님의 말에 그런 척 따라 해본다. 손바닥을 맞대어 세게 비비고는 그 손으로 얼굴을 감싼다. 이어서 머리를 주무르고 나서 이마와 눈 주위, 콧잔등, 콧방울, 뺨, 입 언저리, 턱, 귀 주변, 목까지 손가락 끝으로 톡톡 친다.

얼굴 하나에 이렇게 많은 부분이 있다는 걸 새삼스럽게 의식한다.

무라카미 하루키 소설의 남자 주인공들은 세수할 때 귀와 귀 뒤, 귓속 그리고 손가락 마디마디를 하나씩 하나씩 세심하게 닦곤 한다. 하루끼의 기상천외한 스토리 중에 자주 등장하는 얼굴 닦는 묘사가 머리에 남아 있다. 아마 나의 세수가 대충 비누칠하고 물로 몇 번 헹구는 정도이기 때문일 것이다.

한국서 온 친구가 "얘, 제니퍼 애니스턴이나 아담 샌들러 같이 입가에 생긴 이쁜 곡선이라면 그냥 둬도 좋은데…"라면서, 내 입가에 한 쪽으로 잡힌 주름을 두고 "어떻게 좀 없애지 그러니." 솔직하게 충고를 한다. 그 주름이 이젠 양쪽으로 밸런스를 이루고 있다. '이게 나야?' 사진 찍기가 싫었던 때도 있었다. 그것도 오래전 일이다.

뒤늦은 감이 있지만 요즈음 아침저녁 거울을 마주보며 무라카미 하루키식의 정성을 쏟는다. 열심히 찍어 바르고 문지르고 두드리고 마사지도 한다. 요가도 열심히 한다. 한바탕 어려운 동작을 하고 나서는 앉아서 숨을 고르며 몸을 앞으로 눕힌다.

가슴에 모았던 손을 쭉 뻗었다가 손바닥을 위로해서 다시 끌어당기며 일어나 앉는다. 요가 선생님은 이 동작이 바로 '절'이라고 했다. "절은 저의 얼을 말해요. 절을 하는 것은 자기의 얼을 부르는 거지요." 했다. 저의 얼이라? 우주를 들이마시라는 식의 구름 잡는 소리 같으면서도 왠지 그 말에 마음이 간다. 물론 나에게도 얼이 있겠지? 나이가 들수록 판소리나 대금연주에 전율을 느끼곤 하는데 그것을 우리의 얼이라고 여겼다.

한국의 얼이라던가, 조상의 얼이라는 말은 당연하게 들리는

데 그 얼을 나에게 적용하기는 어려웠다. 정신을 말하는 건가, 죽어서 남는다는 혼을 말하나, 아니면 흔히 기(氣)라고 하는 에너지일까. 성령일까. 그냥 마음을 말하는 것일까. 그러다 우연이었을까, '얼굴'의 우리말이 '얼꼴'이라고 한다는 걸 알게 되었다. 얼과 꼴이 합쳐진 말이다. 그러니까 내 얼굴은 내 얼의 모습이라는 것이다. 그렇다면? 말이 되는 듯했다.

쉽게 생각하자. 내가 아침저녁 바르고 두드리는 내 얼굴이 내 얼의 모습이라는 것이다. 지금 내 얼굴, 이 순간 이 모양이 바로 나의 얼이다. 그러니까 이렇게 주름진 입가와 양미간과 눈가와 눈밑과 그리고 처진 뺨에 내 얼이 어려 있는 것이다.

살아가면서 할 수 없이 택했던 타협과 그래도 이거 하나는 꼭 붙들려고 했던 자존심, 결국은 쓸데없던 고집들. 빙산 아래에 자리 잡고 있는 교만, 질투와 욕심. 그뿐인가. 게으름과 무절제. 그리고 간간이 시도해 봤던 회개와 참회까지 다 합쳐져서 숙성되어진 나의 모습. 나의 꼴이 여실히 드러나 있는 것이 내 얼굴이다. 그러네. 내가 만들어낸 나의 모습이네.

이 얼굴이 싫다고 당기고 자르고 부풀리고 한다면 오랜 세월 희로애락 고스란히 담은 나의 인생 즉 나의 얼은 어디로 가는 걸까.

거울을 들여다본다. 눈가에 서린 팽팽함이 보인다. 입가에 잡힌 안간힘도 보인다. 뻣뻣이 세운 목에 힘을 빼고, 어깨를

축 내려뜨리면서 고개로 커다란 원을 그려본다. 우주를 돌듯 고개를 돌리며 내가 구겨온 내 얼굴을 펴본다. 빈 내 얼굴에. '그래, 수고가 많다.' 위로를 보낸다.

몸을 땅에 납작 엎드리면 마음도 땅에 닿는다. 손을 쭉 뻗어 나의 얼을 손바닥에 담는다. 그 두 손을 맞잡고 가슴으로 당기면 맑고 신선한 태초의 얼이 고스란히 내 가슴으로 들어오는 것 같다. 그 순수한 얼이 내 얼굴로 승화되기를 염원한다.

눈 가리고 아옹

머리 물들이기에 진력이 났다. 언제건 시기가 되면 시작하려고 세워둔 작전, 1.머리를 아주 아주 짧게 자르고 그냥 내버려 둘 것. 2.가발을 쓰고 다니다가 물들인 자국이 다 없어졌을 때 가발 벗어 던지기. 이중에 하나를 실천할 때가 된 것 같다. 즉 백발작전이다. 아니 아직은 솔트 앤 페퍼이니 '은발의 작전'이다.

염색을 하지 않은 내 모습을 상상해 본다. 은발의 여인! 멋지지 않을까? 가만, 그게 아니다. 까만테 안경을 낀 여성 학자라든가, 단상 위의 여성 정치가라든가, 주렁주렁 장신구를 단 히피차림을 한 아티스트 또는 입술을 빨갛게 칠하고 새까만 옷차림의 멋쟁이라면 모를까. 펑퍼짐한 내 모습에 허연 머리라니. 이건 좀 너무하다 싶다. 은발의 여인이 될 자신이 없어진다.

흑단 같은 머리일 때 내게 맞는 헤어스타일 한 번 제대로 해보지 못한 것이 이제 와서 유감이다. 항상 머리 손질을 잘하고 늘 같은 모양을 유지하고 있는 여자들이 감탄스럽다.

머리가 귀 밑에서 1센티미터가 넘는지 자로 재어보던 여학교 6년간의 단발에서 벗어나면서부터 나는 온갖 머리모양을 다 해봤다. 해방감에서인지 머리를 잠시도 가만 두지 못했다. 짧은 머리 긴 머리에 파마머리도 했다. 헤어밴드를 하고, 머리핀도 꽂아 보고 또 뒤로 묶고 다니기도 했다.

그런 나에게 아버지는 '자기에게 어울리는 머리모양 하나쯤은 있어야지.' 하셨다. 머리는 물론 옷도 울긋불긋 입고 다니는 나에게 아버지가 들려주신 이야기가 있다. 어느 여성과 한참 이야기를 하고 헤어졌는데 그 여성이 무슨 옷을 입고 있었는지 생각이 나질 않았다는 것이다. 그 여성의 매력적인 인간성만이 강하게 남았다는 뜻이다. 머리나 옷으로라도 나를 가려야 하는 내 처지에서는 다 지나간 일이다.

남편에게 물어본다.

"여보, 나 흰 머리 그냥 내버려 둬볼까?"

"노오!" 남편은 단호하다, 백발의 와이프는 싫다는 거겠지. 친구에게도 물어본다.

"얘, 나 염색하지 말까?"

"염색을 하고 거울 보면 왠지 생기가 돌지 않니?"

그렇기는 하다.

어머니가 처음으로 미국 오실 때 공항에서 쭈볏대며 걸어 나오시는 어머니한테서 제일 먼저 보인 것은 흰 머리카락이었다. 남산만한 배를 하고도 어머니 머리를 까맣게 물들여 드렸다. 어머니가 늙고 우중충해 보이는 게 그렇게 싫었다. 그러나 그때뿐 어머니는 염색약이 눈에 좋지 않다며 염색을 안 하신다. 까만 머리의 시어머니보다 몇 년 아래인 친정어머니가 더 늙어 보이는 것은 바로 그 흰 머리 때문이다.

내 머리가 하얗다고 과연 내 딸아이가 염색약을 들고 덤빌까. 자주 만나니까 아마 눈치도 못챌지 모르지. 이래저래 마음 결정이 안 된다. 머리 물들이기가 이렇게도 귀찮을 바에야, 흰 머리에 어울리는 멋을 부려보면 어떨까. 아니다 그것도 못할 일이다. 멋을 부렸으면 진작 부렸다. 그러니 아직은 염색을 해야겠다. 허연 머리를 하고 다니며 군중 속에서 유독 나만 두드러지는 것이 두렵다. '흑발의 시어머니와 백발의 며느리'라든가 '까만 머리 남편과 하얀 머리 아내' '젊은 동창 속에 늙은 동창 한 명'이 되는 것을 감당할 자신이 없다.

두 개의 백발 작전 중에서 하나 고르기는 접어둔다. 아직은 아니다. 그냥 눈 가리고 아웅하며 살자. 애초부터 인간성만으로 버틸 수 있는 위인이 못된다.

벌거벗은 임금님

누군가가 먼저 "아이구, 정치얘기는 관두죠." 해서 중간에 말을 멈추고 나면 가슴이 답답하다. '정치 얘기와 종교 얘기는 하지마'가 불문율이다. 사실 정치와 종교는 동서고금을 막론하고 가장 중요한 삶의 요소인데도 서로의 의견이 엇갈리기 시작하면 그 누구도 자기 생각과 다른 것은 조금도 받아들이지 않기 때문에 차라리 말을 말자는 것이다.

그런데 얼마 전에 한 사람과 종교 얘기를 속 시원하게 나눈 적이 있다.

"참 이상해요. 뻔히 알면서도 아닌 것을 아니라고 말 못하고 그냥 이중생활을 하게 되더라구요."

A씨 자신의 표현으로 '긴 터널을 뚫고 나왔다.'면서 하는 말이다. 그 터널은 종교였다.

우연히 알게 되자마자 A는 나에게 책 한 권을 빌려 주면서 가깝게 다가왔다. 사람이 어떻게 살아야 하는가에 대한 질문에 그 책의 저자가 내놓은 답은 그저 지금 그대로가 완전하니까 그대로 편하게 살라는 거였다. 마음에 들었다. 우리는 책 내용을 전개시켰다. '사람은 어떻게 살아야 하는가.' 평소에 주변의 아는 사람들과 진지하게 나누어 보지 않는 주제이다. 다들 이미 사는 방법에 대한 확답을 갖고 있는 듯하니까 새삼스럽게 꺼내기 어려운 화제이다. 어느 교회를 열정적으로 오랫동안 다니다가 심한 고민 끝에 나왔다는 A와는 사람은 왜 사는지, 진리는 뭔지, 신이란 무엇인가라는 주제를 편안하게 나눌 수 있었다.

왠지 A에게서 여학교 때 친했던 친구가 생각났다. 한 가지 좋아하는 것이 있으면 무조건 파고들던 점이랑 커다란 눈에 서린 가냘픈 분위기까지 내 친구를 닮은 A에게, 사춘기 때처럼 인생론을 펼치기도 했다.

세상은 정말 좁다. 얼마 지나지 않아 제3자를 통해 A가 말한 교회가 흔히 이단이라고 하는 종교 단체였음을 알게 되었다. 분명히 A는 교회에 혼신을 다했었고 그러다 우울증에 걸렸으며 답을 얻으려고 사방을 헤매다가 한국에 가서 비로소 내게 빌려줬던 그 책의 저자를 만나, '진리는 바로 이 순간에 있다'라는 결론을 내렸다고 했다. 얼마나 다행한 일인가. 그런 이상한 종교단체에서 빠져 나올 수 있었다는 것이.

그 다음번 만났을 때 나는 다짜고짜 "○○○라는 곳의 교인이셨다면서요?"라고 말했다. 남들이 다 아는 비밀을 빨리 벗어 버리게 해주는 것이 좋겠다는 생각이었다. 놀란 표정으로 나를 바라보며 고개를 천천히 끄덕하는 그 얼굴을 바라보기가 민망했다. 털 빠진 채 길가에 떨어져 비를 맞고 있는 참새가 연상이 되었다. 낚싯밥을 스스로 입에 물어 버린 소설 속의 여주인공 같았다.

"그동안 아주 길고 긴 깜깜한 터널을 지나온 것 같아요."라며 자기모순의 정신적 고통을 털어놓았다. 심지어는 죽음까지도 생각했었다고 한다. 아직도 그 교회에는 아니란 것을 알면서도 말을 못하는 교인들이 있다고 했다. 속속들이 가식으로 꾸며진 것을 훤히 알면서도 오히려 자진해서 '임금님 옷이 근사하다.'고 아우성을 친다는 것이다. 스스로가 자기 얼굴에 가면을 쓰고 말이다. 가련한 여주인공 A는 '임금님이 벌거벗었다아~'를 외친 어린 소년이 된 것이다. 그러자니 그 군중들 앞에서 털도 뽑혔으리라. 그 아픔들을 진리 추구의 정열로 버텨냈는가 보다.

한동안 A와 뜸하다가 어느 날 그가 다시 어느 교회에 다니게 되었다는 연락이 왔다. 주변 사람들의 친절한 권면이라고 했다. 그래. 잘 되었구나, '진리가 바로 내 안에 있다'를 터득했으니 이제는 좀 편안하게 교인들과 사귀며 만족하는 생활을 하면 좋겠구나 했다. 하지만 좀 석연치 않았던 것은 그 교회원로 장로님이 자기의 집을 교회로 내주어 온 교인이 가족처럼 지낸다는 것이었다. 그 집 모게지는 누가 내는데?

한 1년쯤 후에 A가 그 교회에서 권사 안수를 받았다고 해서 축하해 줬는데 또 얼마 지나서는 "노 선생님 말씀이 맞았어요."라며 그 장로님과의 갈등으로 목사님이랑 함께 교회를 나왔다는 것이다. 그리고는 소식이 끊겼다. 나 역시도 연락하게 되질 않는다.

우리가 종교 이야기로 마음이 통했던 것이 허상이었나 보다. 자고로 불문율은 불문율이다. 정치나 종교 같은 나의 인생관은 남과 쉽게 공유할 수 있는 문제가 아니다. 마치 어떤 사람은 태어나면서부터 민주당이고 어떤 사람은 태어나면서부터 공화당인 것처럼. 내 남편과 내가 한 지붕 아래서 우파 좌파로 평행선을 그으며 나뉘는 것처럼. 인간은 결국 자기만의 세계 속에서 살 수밖에 없는 것이 진리인가 보다.

내 여학교 친구를 떠오르게 하는 A와 언젠가 다시 만나 차를 마시면서 혹시 또 털이라도 뽑혀가면서 겪어낸 종교이야기를, 결국은 답이 없는 이야기를 재미있게 나눠 보고 싶기도 하다.

사람이 살면 얼마나

의사의 첫마디가 "놀라지 마세요."였다. 놀란 정도가 아니라 눈앞이 깜깜했었다. "엑스레이에 뭐가 보이는데…"라는 말을 들으며 실제로 다리가 휘청했던 것 같다. 의사가 전화를 할 때에는 그런 식으로 하는 게 아니다. "안녕하세요. 날씨가 춥네요. 저… 별일은 아닌데, 그래도 안전을 기하려고 하는데요."로 말을 시작해야 할 것이다.

어쨌든 안전을 기하기 위해 6개월 후에 엑스레이를 다시 찍어보라고 했다. 전화를 내려놓는 순간부터 나의 자세가 달라졌다. 애들이 해달라는 거 다 해주고, 남편을 향한 눈빛도 부드러워졌다. 옷장 안도 열심히 정리를 한다. 엑스레이에서 '별것이 아니라'는 결과를 받고는 또 다시 일상으로 돌아갔지만, 그 후로는 정기검진 후 전화에 의사 이름이 뜨면 우선 긴장부터 한다.

'놀라지 마세요' 하던 의사가 아닌 새 여자 의사는 다짜고짜 "네. 다 괜찮아요. 음… 보자, 다 좋아요." 하곤 했다. 얼마 전에도 그런 전화를 받고 안심을 하려고 했다. 네. 뭐, 다 좋아요. 그러더니 "근데…." 한다. '근데'에 또 가슴이 덜컹한다. "사실 나이 들면 그렇게 되는 건데요. 콜레스테롤이 좀 높네요." 나이 들어 그런 거라니 별수 없다 생각하려는데, 그게 좀 많이 높다는 것이다. 이어서 좋은 콜레스테롤 나쁜 콜레스테롤 숫자를 말해 주고는 "괜히 운동해서 치수 낮출 생각마세요. 운동해도 잘 안돼요. 약을 시작하세요." 한다. 올 것이 왔구나. 고분고분하게 약 타러가겠다고 대답했다.

약속한 시간에 맞추어 가도 대기실에서 안절부절못한 마음으로 기다리기는 마찬가지다. 그러다 이름을 부르면 의사 앞에 가서 앉기까지 몇 발짝 걸음이 무겁다. 왜 꼭 무슨 죄를 진 사람 같은지. 그날따라 1년 동안 운동도 안했고, 고기도 줄이지 않았고 와인도 많이 마신 것이 들통이 난 듯 주춤주춤 의자에 앉았다. 컴퓨터 화면에서 내 자료를 찾던 의사가 급한 듯한 전화를 받는다. 전화내용을 안 듣는 척 고개를 돌려 이것저것을 둘러보다가 책상 한 구석에 놓여 있는 메모지를 봤다. 또박또박 쓰여져 있는 글자. '사람이 살면 얼마나 산다고.'

흔한 말이다. 그러나 의사 선생님의 오피스에 쓰여 있기에 알맞은 글귀일까. 병을 고치겠다는 환자에게 의사가 할 말일까. 웃음이 나오다 만다. 맞는 소리다. 어쩌면 내가 의사라도 한 번쯤 생각해 볼 말이다.

내 몸이지만 그 속에서 벌어지고 있는 일들을 알 수가 없다. 모든 게 짐작일 뿐이다. 어디가 약간만 이상해도 오만가지 생각을 다한다. 의사의 말 한마디에 가슴을 졸였다 놓았다 하기 마련이고 의사는 그런 사람들을 하루 종일 상대한다. 의사라고 해도 인간 몸속의 오묘함을 어찌 다 안단 말인가. 천년만년 살겠다고 안간힘을 쓰는 사람들을 볼 때는 난감할 때가 많을 것이다. 환자에게 잘 모르겠다고 말할 수도 없을 테니 말이다.

'아니 사람이 살면 얼마나 산다고들 저럴까' 이 말이 나올 만하다. 거의 끝난 목숨을 약으로 이어주기만 하는 의사보다 훨씬 훌륭하다.

콜레스테롤 처방전을 쓰고 있는 여자 의사가 달리 보인다. 그 역시도 인간의 생사를 주관할 수 없는 나와 똑같은 사람이다. 열심히 병을 예방하고 고치며 살지만 인간의 수명은 정해져 있는 것 같다. 물론 우리 할머니 때보다는 많이들 살지만 그래봤자 몇 년이다. 암만 오래 산다고들 해도 결국은 우리네 짧은 인생이다.

사람이 살면 얼마나 산다고 아무렇게나 살 것인가. 이제부터는 운동도 열심히 하고, 음식 절제도 좀 해야지 다짐하며 공손히 콜레스테롤 처방전을 받아들고 나오는 발걸음이 한결 가볍다.

씨 없는 수박

씨 없는 수박은 어디에서 싹이 튼 것일까?

씨가 없는데 어떻게 씨를 받아서 땅에다 심었을까? 생물시간을 좋아하지는 않았지만 모든 꽃과 식물에는 씨가 있다는 정도는 알고 있다. 씨 없는 수박도 잘라 보면 되다만 작고 물렁한 하얀 씨가 몇 개는 들어 있고 씨가 있어야 할 자리에 흔적이 남아 있다. 어떻게 해서 씨 없는 과일이 생겼을까 의문이 아닐 수 없다.

초등학교 여름방학 그림 일기장에 자주 등장한 것이 수박이다. 도화지에 꽉 차게 반원을 그리고 그 안을 빨간색 크레용으로 꽉 채운 다음에 듬성듬성 까만 씨를 그려 넣으면 영락없이 달고 시원한 수박이 된다. 그 밑에다 '오늘은 수박을 먹었다. 참 맛이 있었다.'만 써넣으면 밀린 숙제가 쉽게 채워지곤 했다.

뱉어낸 수박씨는 씻어서 말려 놓는다. 입에 넣으면 매끄러워지는 씨를 어렵게 이로 까서 먹던 고소한 수박씨는 빼놓을 수 없는 여름철 군것질이다.

언제부터인가 수박을 잘랐을 때 씨가 꽉 차있으면, "에이구, 잘 못 샀네." 한다. 포도도 마찬가지다. 씨를 빼내기가 귀찮아진 소비자의 심정을 어느 생물학자가 그렇게 잘 파악을 했을까. 포도알에서 씨가 씹히면 짜증을 낸다. 만약 바나나를 한 입 깨물 때마다 씨가 씹힌다면, 그래서 줄줄이 박혀있는 씨를 일일이 골라내어야 한다면 그것을 견뎌낼 사람이 있을까? '맛있으면 바나나' 역시도 원래는 씨가 있었다고 한다.

한약제로 행인(杏仁)이라고 하는 살구씨의 인(仁) 자에는 인자함이라는 뜻과 함께 '새롭게 한다.'는 뜻이 들어 있다. 우리가 누구에게든지 인자함을 베풀 때 그 원인을 따져 들어가면 궁극적으로는 타인의 생명을 보호하기 위함이라는 것에 다다른다.

생명은 씨에서 비롯된다. 씨를 인자한 마음으로 보호해야 새롭게 생명이 탄생된다. 그 씨를 귀찮다고 없애 버리면 그 옛날 궁궐의 내시와 뭐가 다를까. 그러니까 씨 없는 과일은 불구 과일이다. 씨가 없는 과일을 선택하는 것은 인자함이 결여된 나의 탐욕이라고 비약해 본다. 유전인자를 변형시켜 가며 만들어낸 음식물이 우리 몸에 해롭다는 연구가 이미 나오고 있다. 건강하게 살려면 '어머니의 할머니가 알아보지 못하는 음식은 먹지 말라.'고 했다. 그렇게 멀리 가지 않더라도 내 어린 시절에 없었던 식품은 멀리 해야겠다는 생각이 든다. 수박을 살 때는 꼭 삼각형으로 껍질을 잘라 보고 빨간색을 확인하고야 샀었다. 색이 빨갛다는 것은 잘 익었다는 것이고 잘 익었으면 달다는 걸 안다. 요즈음은 수박뿐 아니라 마켓에 나온 과일은 다 잘 익었고 달다. 꼭 설탕을 친 것처럼 단 것도 있다. 이것 역시 어느 과학자가 씨에다 무슨 조치를 취했을 것이 틀림없다.

보라색 고구마, 노란색 토마토처럼 먹을거리가 가지각색으로 변하고 있다. 태초로 부터 이어져 오는 씨가 몇 만 년을 지내며 자연스럽게 바뀌어진 것이 아니라 우리의 말초적 입맛과 눈요기를 위해 억지로 조작해 만들어낸 식물들이다.

온 세계가 '자연, 자연' 하는 그 자연(自然)은 스스로 그러한 것을 말한다. 영어도 마찬가지다. 인간의 손이 개입되지 않은 자연스런 Natural한 상태가 자연(Nature)이다. 사람이 억지로 만들어 만든 것은 부자연스럽다. 그러나 언제부터인가 우리들은 억지스럽고 부자연스러운 것에 아무런 저항감을 갖지 않는다. 오히려 그런 것을 더 좋아한다.

씨 없는 포도를 집으려던 손을 멈춘다. 씨가 있는지 확인해 보고 수박을 살 것이다. 자로 잰듯이 똑같은 크기의 과일 패키지에도 의심의 눈길을 보낸다. 좀 구부러지고 못생겼더라도 가까운 농장에서 키운 호박과 오이를 사야겠다.

'오늘은 씨 있는 수박을 사왔다. 참 맛이 있었다.' 그림일기를 고쳐 써본다.

바로 이런 사람이어야

먼데서 오시는 손님

친구가 있어 멀리서 스스로 찾아오니 이 아니 기쁜가.

'有朋而 自遠方來하니 不亦樂乎(유붕이 자원방래 불역낙호)' 공자의 말씀도 그렇고, '까치가 울면 반가운 손님이 온다.'는 '손님'이란 말에는 어딘지 기쁘고 좋은 이미지가 들어 있다. 어릴 때 집에 손님이 오신다 하면 공연히 마음이 들떠서 심부름을 도맡아 하며 좋아 했다.

그런데 뉴욕에 살면서 손님이 오신다는 말에 한숨을 쉬던 때가 있었다.

수없이 찾아오는 손님들. 관광 여행이건 사업차건, 유학이건 미국에 오는 사람들은 누구나 다 꼭 뉴욕을 먼저 거쳐 가는 것 같았다. 다른 지방에 유학을 와도 인사차 우리 집에 먼저 들렀다가 간 학생들은 방학이나 땡스기빙, 크리스마스 때면 또 다시 우리 집엘 찾아온다. 오갈 데 없는 친구랑 같이 올 때도 있다.

처음엔 '엠파이어 스테이트 빌딩은 꼭 가야겠지.' 하면서 덕분에 우리도 맨해튼에 나가 구경하고 차이나타운 가서 저녁도 먹으며 즐겁게 지냈다. 자유의 여신상이나 쌍둥이 빌딩을 손님들 덕분에 구경했다. 쇼핑을 해야 하는 손님들을 따라다니며 나도 덩달아 필요도 없는 물건을 사기도 했다.

다람쥐 쳇바퀴 같던 생활에 손님들이 오시면 좋았다. 내의며 김, 멸치, 고춧가루며 선물도 푸짐하고 집안에 한국 사람들로 북적대니 애들에게도 우리의 뿌리를 보여줄 수 있어서 좋았다. 하지만 세월이 갈수록 사정이 조금씩 바뀌기 시작했다. 나의 생활이 바빠지는 것과 비례해서 손님의 수도 늘어갔다.

"누가 또 온다는 거예요?"

전화를 내려놓는 남편을 보며 '아휴' 한숨을 쉴 정도다. 한국이 점점 더 잘 살게 되면서 관광이나 사업차 출장 오는 사람들뿐 아니라 환갑여행, 유럽여행, 성지순례 가는 김에 뉴욕에 들르는 사람, 미국 구경 못한 아들 군대 가기 전에 한 번 데리고 오는 사람들까지 손님이 줄을 잇는다. 4년 전에 유학 온 학생들 부모님들이 졸업식이라고 오시고 또 이삿짐을 싸주러 오신다.

이런 사정은 우리만이 아니었다. 버팔로에 사는 한 친구는 샤워실에서 쏴~ 하는 물소리만 들어도 진저리가 날 정도로 나이아가라 폭포를 다녀왔다고 한다. 또 누구는 한국에서 오신 시부모님을 만나러 다른 지방에 사는 친척이 방문을 해서 집이 풀 하우스라라며 공항에 모시러 가고 모셔다 드리느라 생활이 완전히 깨졌다고 투정을 했다.

요즈음은 손님이 줄었다.

그렇다고 한국에서 오는 여행객이 줄은 것이 아니라 우리 집에서 묵던 손님이 줄은 것이다. 이제는 한국 사람들도 대충 영어를 할 줄 알고, 웬만한 뉴욕 관광은 다 했으므로 편리하게 호텔에 묵고 우리랑은 한 번쯤 세련되게 식사를 한다. 어떨 땐 다녀갔다고 나중에 연락을 해온다.

이민자들만의 이야기는 아니다. 방향을 돌려 바다 건너편으로 가면 이 비슷한 이야기가 순서적으로 엮어질 것이다. 한국에 사는 한국 사람들도 예전에는 미국서 오는 손님들을 반갑게들 맞이했으리라. 미제 선물도 환영이었다. 어느 때부터인가 미국에서 오는 사람들이 측은해지기 시작했다. 고작 미제 초콜릿을 들고 오는 유행에 뒤떨어진 행색을 불쌍히 여겨 온갖 맛집 데리고 다니며 푸짐하게 대접을 했다.

이제 그것도 달라졌다. 미국서 왔다고 모든 일 제쳐두고 만나주던 일도 없어졌다. '나 왔어.'는 다이알 전화기만큼이나 오래된 방법이다. 스마트폰이 있어서 매일매일 시시한 일까지

주고받으니 서로 궁금한 일도 별로 없다. 얼마 전 동생에게 한국에 가겠다는 연락을 하니까 다녀 간 지 몇 달 안 됐는데 "또 와?" 한다.

초콜릿이며 비타민 사들고 10년 만에 20년 만에 어렵게 시간 내어 고향을 찾던 이민자들의 생활상도 변했다. 이제는 너도 나도 동편제다 서편제다 하며 관광차 한국을 간다. TV에서 본 풍물 따라 맛 따라 시골 구석구석을 찾아다닌다.

생활이 단순해지고 한가해진 요즈음은 한때 손님이 줄을 서던 시절이 그립기도 하다.

세상은 달라졌지만, 긴긴 시간을 달려온 손님에 대한 마음까지 달라지지는 않았다. 가끔 한국서 온 친구가 머물고 있는 맨해튼 호텔에 가서 하룻밤을 같이 자고 온다.

친구가 멀리서 나를 찾아오니 무조건 좋을 뿐이다.

엄마랑 밥 먹으러

지난봄에 다녀오고 6개월 만에 다시 어머니를 보러 한국을 다녀왔다.

내 엄마를 보러 가는 일이 이렇게 번거로울 줄을 왜 미처 몰랐단 말인가. 내가 둘째 아이를 낳았을 때 뉴욕에 처음 오신 이후로 어머니는 몇 년에 한 번씩은 뉴욕엘 오셨고 나도 몇 년에 한 번은 한국엘 가곤 했다. 그러나 칠순이 넘자 비행기 타기를 싫어하셔서 어머니를 보는 횟수가 줄어들었다. 내가 한국에 한 번 가는 일도 쉽지가 않다. 뱅뱅 도는 일상에서 시간을 내는 것이 어려운 일일 뿐더러 비행기 값은 또 얼마나 비싼가.

그나마 몇 가지 일을 겸사겸사 오랜만에 한국엘 가면 어머니 집에다 짐만 풀어놓고 내 볼 일로 돌아다니다 오곤 했는데 언제부터인가 그런 식으로 어머니 얼굴을 보는 일이 괴로워졌다. 갈 때마다 갑자기 늙어 버린 것 같은 어머니의 얼굴 말이다.

인천공항에서 셔틀버스를 타고 목동에 내려서 짐을 끌고 어머니 아파트 문 앞에 당도한다. 최신식 잠금장치 번호를 누르면 안에서 급히 슬리퍼 끄는 소리가 들린다. 문을 열자마자 현관 앞에 서 있는 어머니에게 반갑게 '엄마' 해야 하는데, 말이 금방 나오질 않는다. 어머니 역시도 금방 '우리 노려.' 하시지를 못한다.

어머니의 눈길을 피해 신발을 벗으며 '이젠 자주 한국엘 와야지' 속으로 다짐을 했었다. 그 다짐은 다짐일 뿐, 순전히 '엄마만 보러 한국 가기'가 쉽질 않았다. 나는 왜 미국에 와서 살게 된 것일까 한탄을 한다. 오랜만에 어머니의 늙은 모습을 보는 일이 싫어서라도 자주 한국엘 가야겠다는 것은 그저 내 욕심일 뿐 실현이 어려웠다.

어머니가 팔순을 넘기셨을 때야 큰 맘 먹고 '엄마랑 밥 먹으러' 한국엘 갔다. 그때만 해도 걸음이 불편한 어머니와 버스를 타고 남대문시장도 가고 지하철을 타고 새로 생긴 광화문 세종대왕 구경도 갔었다. 그 다음 적당한 핑계를 만들어 1년 만에 다시 갔을 때엔 지팡이를 짚기 시작한 어머니와 남대문시장은 엄두도 못 내고 아파트 단지 내에 있는 식당이나 가까운 백화점으로 쇼핑을 갔다.

지난봄 갔을 때에는 '엄마가 얼마나 더 달라져 있을까.' 아파트 열쇠를 누르는 마음이 무거웠다. 어머니는 아파트 단지 내에 있는 식당을 갈 때에도 중간에 두세 번을 쉬어야 했다. 딸 노릇 잠깐 하고는 대책도 없이 "엄마. 나 가을에 또 올게." 라고 말하고 왔다.

어떻게 또 한국엘 또 가나 막막하던 중에 마침 잡지사 일거리가 생겼다. "여보. 엄마도 볼 겸 한국엘 다녀와야겠네.' 하고 미안해하며 허락을 받았다. 새벽에 인천공항에서 동생에게 카톡을 하니 "엄마가 밤새 잠도 안 자고 기다리고 있다구." 동생도 잠을 못 잔 듯하다. 셔틀버스에 앉아 있는 시간이 유난히 길었다.

"오마니, 나 왔시요."

현관엘 들어서는데 어둑한 현관에 서 있는 어머니의 실루엣이 폭삭 작아져 있다. 6개월 만인데도 어머니가 왠지 더 어눌해져 있는 것 같았다. 수선을 피우며 그 옛날 어머니가 미국 오시면 사드리던 우리 동네 중국 식품점의 월병과자를 꺼내자 어머니는 "야~ 그거 맛있는거." 애들처럼 좋아 하신다. 예전엔 미국서 온 딸을 위해 아침부터 한우를 사다가 구워 먹이던 어머니가 이번에는 딸이 아침에 시금치국 끓이고 어제 먹던 닭고기 다시 데우고 하는 걸 보며 TV앞에 가만히 앉아서 기다리신다. 점심에는 짜장면도 시켜 먹고 동생이 쉬는 날엔 멀리 냉면 먹으로도 갔다. 이렇게 2주일을 지내고 또 별 대책

없이, "엄마, 내년 봄에 또 올 거야." 하고 왔다.

궁리를 해본다. 매일매일 일하는 남편을 혼자 두고 가는 것도 그렇고 매일매일 늙어만 가는 어머니를 두고 멀리 있는 것도 그렇고…, 남들은 놀러 다니기도 잘 하는데, 엄마랑 밥 먹으로 가는 길이 이렇게 힘이 들어서야. 내 자신에게 화가 난다. 왜 좀 더 열심히 잘 살지를 못했단 말인가. 왜 미국에 주저앉아 살았는가 말이다.

옆에서 온갖 시중으로 고생하는 동생들 위로는 생각도 못하고 그저 어머니를 만나러 가는 길조차 너무 멀기만 하다.

언니 노릇

어머니 집에서 20분쯤 걸어가 지하철 9호선을 타고 고속터미널역에 내려서 다시 3호선으로 갈아타고 두 정거장을 가면, 역 앞에 예술의 전당으로 가는 셔틀버스가 있다고 했다. 동생 노리가 퇴근하고 온 다음에 서두르지 않고 떠나도 될 만했다.

고속터미널역에 그렇게나 사람이 많고 전철을 갈아타러 가는 길이 그렇게 먼 줄을 미처 몰랐다. 또 셔틀버스가 예술의 전당 정문 앞이 아니라 맞은편에 설 줄도 몰랐다. 인터넷을 보며 계획한 대로 예술의 전당 내의 레스토랑에서 식사를 하면 8시 공연엔 좀 빠듯했다. 노리가 "언니, 이 앞에 순두부 잘하는 집이 있다더라, 우리 거기서 저녁 먹을까?" 한다. 그러면 우리의 우아한 밤의 분위기가 깨진다. "아니야. 모짜르트 카페로 가자." 예술의 전당 안 깊숙이 자리 잡은 '모짜르트 카페'를 찾아갔으나 30분을 기다리라고 할 줄은 생각도 못한 일이다. 우리는 예술의 전당 입구에 있는 또 다른 레스토랑인 '카페 벨리니'를 향해 온 길을 뛰다시피 되돌아갔다.

혼자 사시는 어머니랑 30년을 같은 아파트 단지에 살고 있는 동생을 이번에 한국 가서는 근사하게 대접해 주고 싶었다. 언니는 어쩌다가 한 번씩 한국에 와서는 손님처럼 여기저기서 얻어먹기만 하는 철부지였을 것이다. 늘 어머니에게 촉각을 세우고 사는 동생과는 푸근히 이야기도 하지 않고 한 열흘 머무는 동안 온통 자기 친구들을 만나느라 밤늦게까지 돌아다니다가 훌쩍 미국으로 가버리곤 하는 야속한 존재였을 것이다.

인천공항에서부터 유창하게 한국말을 하면서 마음이 풀어진다. 미국서 긴장하고 살던 어리광을 어머니와 동생들에게 마음껏 풀어놨을 것이 틀림없다. 친정어머니로부터는 귀빈 대접을 받고 동생들로부터 고춧가루며 된장에 조카에게 주라는 금일봉까지 받아들고 배터리를 팽팽하게 충전해 갖고 오곤 했다.

동생은 오랜 세월을 그런 나를 아무 말 없이 바라보았던 것이다.

뒤늦게 철이 들었는지 그동안 못 했던 언니 노릇을 하고 싶었다. 86세 어머니가 이제는 제대로 걷지도 못하시는 것만큼 동생의 어깨가 늘어지는 것이 보인다. 멀리 강남 사는 막내 노원이도 아이들 대학 입시 뒷바라지에 친정어머니 발 노릇까지 하느라 잠이 모자는 것이 역력하다.

그런데 나보다 훨씬 더 어른스런 동생들에게 어떻게 언니 노릇을 할 수 있을까. 기껏 생각해낸 것이 음악 좋아하는 동생들을 음악회로 초대하자는 것이었다. A석 좌석에 멋진 저녁식사를 포함한 근사한 '음악이 흐르는 밤' 말이다. 갈 만한 공연을 인터넷으로 찾았다. 때 마침, 이민 초기에 같은 교회에서 친하게 지내던 임헌정 씨가 지휘를 하는 음악회가 있었다. 안타깝게도 수능시험 보는 딸 때문에 노원이는 빠졌지만, 우리끼리라도 하루 저녁을 즐기자는 데에 목동 동생은 실은 예술의 전당은 자기도 처음이라며 순순히 따랐다.

그 옛날 대한극장이나 세종회관엘 가는 기분이었다.

목동 가로수 길에 푹석하게 깔린 플라타너스 낙엽을 밟으며 동생이랑 고속터미널역으로 걸어가는 나는 더 이상 한국에 온 손님이 아니었다. 사람이 꽉 찬 전철 안은 옛날 만원 버스 타던 기분이었다.

카페 벨리니에서 레드 와인 한 잔을 곁들이며 계획대로 우아한 식사를 했다. 콘서트홀에 도착해 안내를 따라 무대 앞 가운데 자리에 앉고 나니 박수를 받으며 지휘자가 등장했다. 매주일 만나 맥주 마시며 놀던 지휘자에게서 지난 세월이 한꺼번에 풍겨왔다. 바이올린을 배우고 있는 동생은 몸을 앞으로 내민 채 가끔은 고개를 끄덕이며 오케스트라 연주를 보고 있다. 지루할 줄 알았던 브르크너의 교향곡 한음 한음이 지휘자 손끝을 따라 살아 움직이는 것 같았다. 열렬한 박수를 받으면서도 끝내 앵콜곡을 연주하지 않은 지휘자를 찾아 무대 뒤로 갔다.

임헌정 씨가 나를 보고 화들짝 놀란다. "그냥 가려고 했지만 하도 지휘를 잘하셔서 얼굴 한 번 보고 싶어서요." 했다. 반가움을 서로 재빨리 교환하고는 아무 기약 없이 헤어지고, 노리와 나는 온 길을 반대로 9호선을 타고 목동에 내려 또다시 집을 향해 걸었다.

늦가을 싸늘한 어둠 속을 터벅터벅 걸으며 "언니, 언니…." 털어 놓는 동생의 넋두리에 "그래, 그래." 하는 내 마음이 찢어진다. 엄청난 세월과 못다 한 이야기들이 브르크너의 곡조처럼 불협화음을 이룬다.

"야. 나 가기 전에 어디 네 바이올린 좀 들어 보자."

아버지가 밤늦게 사 오신 구운 옥수수 알맹이를 한 이불 속에서 너 한 알 나 한 알 세어 가며 먹던 내 바로 밑 동생. 내 입맛에 딱 맞는 커피를 타주던 내 동생이다.

우리 진작 이렇게 좀 살았어야 하는 건데…. 그날 밤 어머니는 내버려 두고 동생 아파트로 가서 다 못한 넋두리를 주거니 받거니 언니 동생 노릇에 밤이 새었다.

무작정 상경

시골 처녀가 서울로 간다. 가족 몰래 밤차를 타고 새벽에 서울역에 내려 두리번거리고 섰다. 무릎 밑까지 내려온 치마를 입은 어린 소녀들은 경찰 제복을 입은 여자 앞에 엉거주춤 서 있다. 우연히 인터넷을 보다 눈에 띈 흑백 사진이다. 믿는 구석은 오로지 자기 자신 하나다. 먹고 살아야겠다는 용감함과 배짱으로 기차를 탔지만, 막상 서울역 앞을 나오니 어리둥절하기만 하다.

나도 그렇게 뉴욕으로 왔다. 그 옛날 보릿고개도 훌쩍 넘기고 모두가 잘 살아보자며 대망의 80년대로 들어섰을 때다.

동대문 평화시장에서 산 두툼한 나이롱 코트를 입은 서울 처녀는 세계의 서울 맨해튼 한 구석에 헐렁한 이민 가방을 내려놓았다. 서울역에 내린 금순이는 아니었다. 친구를 찾아왔으니 믿을 만한 구석 하나는 든든했다. 하지만 무작정이라는 차원에서는 똑같다. 일단 와 보자였으니까. 나 하나 잘 되어 보자는 어수룩한 용감함도 있는데다가 영화를 너무 많이 본 허영심도 있었다. 이러니저러니 해도 무작정 한국 탈출이었다.

뒤도 안 돌아보고 비행기를 탔다. 하긴 비행장에서는 뒤돌아 볼 사람이 없었다. 집 앞에서 택시를 잡아타고 부모님과 헤어졌기 때문이다. 한 1년 정도 다녀올 예정이었기에 학교에 간 동생들과는 공식적인 이별도 없었다.

아버지와는 그때 집 앞에서가 마지막이었다. 나라가 가난한 중에서도 글 쓰는 아버지와 피아노 치는 어머니의 우리 집은 더 가난했다. 억척스럽고 야무지지 않으면 살아남기 어려웠던 유신 시절, 생활비가 없어도 보고 싶은 영화는 꼭 봐야만 했던 어머니를 나는 똑 닮았다. 딸만 넷 중에 맏이인데도 어려운 생활을 헤쳐나가는 또순이도 아니었고, 동생들만은 고생 안 시키겠다는 금순이도 못 되었다.

그래서 30이라는 꽉 찬 여자나이에, 나 혼자만을 생각하고 미국엘 올 수 있었나 보다. 비현실적인 예술가 부모와 병아리 같던 동생들을 두고 떠나온 것이다. 미국 도착 다음날부터 격동의 인생이 시작되었다. 친구 원숙이가 보낸 입학허가서를 갖고 가서 등록한 미술학교는 얼마 다니지 않고 계획에 없던 결혼을 하면서 명실 공히 이민자의 생활이 시작된 것이다. 하루하루가 줄타기 같았고 마술사의 공놀이와도 같았다.

서울에 남겨진 동생은 언니가 비단 구두 사가지고 올 줄 알았다고 했다. 비단 구두라니… 그렇지. 서울역 처녀들은 추석이면 선물을 바리바리 싸들고 고향을 찾아 갔으리라. 나는 커튼을 뜯어 옷을 만들어 입은 당찬 스카알렛도 아니고, 두 아이를 양손에 안고 고향 하늘나라로 날아간 선녀도 아니다. 어수룩하게 친구 따라 강남 와서 생각 없이 삼천포로 빠진 격이라고 자아비판도 했고, '유학으로 온 것이지 남들처럼 잘 먹고 잘 살자고 남의 나라로 온 것이 아니다'라고 궁색한 변명도 한다.

남의 나라에서 살아가려면 굳세어야만 한다는 걸 알아차리기에는 시간이 꽤 오래 걸렸다. 또순이와 금순이는 되지 못했지만 아슬아슬 견뎌내고는 있다.

사진 속의 서울역 처녀애들은 그나마 순경 아줌마를 만났으니 다행이라며 내 마음을 달랜다. 어떤 우여곡절을 겪었더라도 새벽 기차를 탔던 그 마음을 잃지 않고 꿋꿋하게 잘 살아내었을 것이라고 무작정 믿고 싶다.

아버지가 나오는 영화

아버지가 나오는 영화를 보게 될 줄은 꿈에도 몰랐다.

"희련 엄마 아버지가 나오시는 영화가 있던데요."

친지의 말이 무슨 소리인가 했다.

내 주변에는 영화배우 노능걸을 기억하는 나이든 분들이 있다. 어쩌다 아버지에 대한 이야기가 나오면 우리 아버지가 배우만 하신 것이 아니라는 얘기가 길어진다.

평양에서 태어나신 아버지는 일본 우에노 미술학교에 유학을 하시고 평양 국립극장 미술감독을 하셨다. 6·25때는 연극하는 사람들과 같이 부산으로 피난 가서 국군의 소리 라디오 방송 홈드라마를 쓰셨으며 '판자촌'으로 극작가로 데뷔하셨다. 1953년에 쓰신 '아무리 옷이 날개라지만'이 나중에 김승호가 나오는 영화로 만들어져 대종상 후보까지 올라갔다.

글을 쓰는 것으로 끝내지 않고 영화감독에다가 제작까지 하신 그 와중에 아버지가 영화배우를 한 건 잠깐이었다. 후에는 동아방송의 '오늘도 푸른 하늘' KBS의 '즐거운 우리집' 동양방송의 '아차부인 재치부인' 홈드라마들을 쓰셨기 때문에 그나마 먹고 살았다는 설명이 장황하다.

영화배우 아버지는 자랑스럽지 않았다. 연예계를 '화류계'라 부르던 그 시대에 아버지가 영화배우라는 것은 어머니의 물적 심적 고생을 말한다. 아버지는 우리 가족이 걸머지기에는 무거운 부담으로 존재하셨다.

그 옛날에 아버지가 출연하셨던 영화가 있다니. 사이트를 받아 적고 집에 오자마자 코트도 벗지 않은 채 곧장 컴퓨터 앞에 앉았다. 자판기를 두드리는 손이 휘청한다.

내가 한 대 여섯 살쯤 되었을 때, 아버지가 나오는 '장미의 곡'이라는 영화를 본 적이 있다. 그 영화의 아역 배우에게 묘한 질투를 느꼈기 때문에 잊히질 않는다. 예쁘게 생긴 여자애가 '아버지~' 하며 뛰어 오자 내 아버지가 그 애를 들썩 안아준다. 그 후로 전영선이라는 배우를 공연히 미워했었다.

웹 사이트에 작은 글씨로 빼곡한 리스트 중에서 '1956년, 서울의 휴일, 노능걸 주연'을 읽으며 벌써 가슴이 둥둥거린다. 마치 다이나마이트 단추나 누르듯 숨을 죽이며 클릭을 한다. 한 뼘이 안 되는 유튜브 화면에 찌지직 음악이 흐르며 한문으로 쓰인 영화 배급사 이름이 나타나고 곧장 첫 장면부터 잠옷을 입은 내 아버지가 나온다.

세상에. "아빠!" 아버지의 젊디젊은 얼굴. 숨을 죽인 채 앉은 자리에서 영화를 다 봤다. 'The End' 영어 자막에 정신을 차리고 유튜브 링크를 복사했다. 동생들에게 '얘들아. 아빠 나오는 영화다.' 그리고 내 아이들에게는 '얘들아. 할아버지가 나오는 영화다.'며 링크를 보내고 나서야 코트를 벗었다.

그날 밤 남편과 나는 17인치 컴퓨터 스크린 앞에서 와인을 마시며 정식으로 시사회를 열었다. 성우의 매끄러운 목소리로 말을 하는 아버지는 가끔은 얼굴을 찡그리고 가끔은 싱긋 웃으며, 일요일인데도 살인사건을 찾아 서울 거리를 동분서주하는 민완기자 노릇을 한다. 1956년도 서울 파고다공원, 남대문 거리와 중앙청 앞 그리고 유유히 뱃놀이하는 한강 풍경이 과거에서 날아온 그림엽서 같다. 다른 배우들에 비해 월등히 키가 크신 아버지 얼굴을 뚫어지게 바라본다. '아빠, 뉴욕에 한 번 오시지도 못하고….'

선글라스를 끼시고 거리에 나서면 모두들 힐끗 쳐다보던 아버지의 손을 잡고 활보하던 내 어린 시절도 이제는 흘러간 흑백영화다. 첫딸인 나를 어디나 데리고 다니셨다. 아버지랑 지프차를 타고 집에 오던 밤, 자동차 헤드라이트에 희끗희끗 비치던 하얀 눈발이 이상하리만치 선명하게 기억된다.

내가 미국 오던 날, 내가 탄 택시가 떠나자 손으로 눈을 쓱

훔치시더라고 어머니는 말했다. 아버지와는 그것이 마지막이다. 뉴욕에 와 처음으로 브로드웨이를 가 봤을 때에 '아빠가 와 보면 좋아하시겠다.' 했었다. 첫아이를 낳고 얼마 안 있어, 아버지가 돌아가셨다는 전화를 받았다.

짧은 생애를 사신 아버지에 대해서는 '시대를 잘못 타고난 예술가'라고 애써 생각한다. 자기 멋대로 하시고 싶은 것 다 하시며 사셨으니 그러면 됐다. 아버지에게 효도를 못한 것에 대한 후회도 별로 없다. 우리를 고생시킨 것에 대한 원망도 물론 없다.

마음을 가다듬고 유튜브에 코멘트를 올렸다.

'이 영화를 올려 주셔서 감사합니다. 나한테는 굉장히 중요한 영화입니다. 왜냐면 이 영화의 주인공이 나의 아버지입니다. 나는 이 영화를 본 적이 없습니다. 내가 4살 때 영화입니다. 대단히 감사합니다.'

다음날 유튜브를 열어 보니 답이 와 있었다.

'훌륭한 배우이신 아버지에 대한 귀중한 추억을 함께 해주셔서 영광입니다.'

그림을 하시고 글을 쓰신 아버지의 피가 내 아이들에게까지 진하게 흐르고 있다. 영화 속의 젊디젊은 미남 아버지를 바라보며 생전에 단 한 번도 못해드린 말을 했다.

'아빠, 땡큐.'

자판기 커피

어린 나이에 아버지가 마시던 커피 맛을 본 이래 하루도 빠짐없이 커피를 마시며 살고 있다. 임신을 했을 때에도, 한 잔쯤이야… 하면서 마셨다. 커피 맛도 무척이나 가린다. 입맛이 까다로워서가 아니고, 내 입에 익숙한 커피 맛을 기대하기 때문이다. 코에 닿는 향내와 함께 첫 한 모금이 기다리던 맛이 아니면 실망이 아주 크다.

작은 커피 잔에 타주는 달고 쓴 다방 커피 밖에 없던 한국에서도 미제 커피를 구해 마셨고, 맥심 가루 커피에 프리마와 설탕을 살짝 타서 베이지색 커피를 만들어 마시곤 했었다. 더 연하지도 진하지도 않은 내 입에 맞는 베이지색이다.

미국에 온 다음 날 친구가 우유를 듬뿍 넣어 항아리만한 머그에 가득 부어준 멀건 커피를 마셨다. 차차 그 슴슴한 맛에 익숙해져 갔다. 수많은 미제 커피를 종류 별로 마셔 보다가 한때는 비싼 원두커피를 주문해 시간과 돈을 쓰며 커피 맛에 공을 들였다. 언제부터인가 콜롬비안 커피인 던킨 도너츠 커피에 안착을 하고 나서는 던킨 도너츠를 찾아 멀리 운전해 갈지언정 스타벅스 커피는 싫었다. 던킨 커피에도 꼭 액체 크림을 넣어야 내 맛이 된다. 종업원이 실수로 우유나 설탕을 넣어주면, 보통은 식당에서 다른 음식이 나와도 그냥 먹는 내가 '미안하지만, 다시 해주세요.' 한다. 정해 놓은 커피 맛으로 인해 인생이 자유롭지가 못했다. 커피 중독도 심각하기는 마찬가지다.

그러니 한국 방문 때마다 커피가 큰 문제가 된다. 커피가 없는 어머니 집에서 불안하게 하루를 시작하게 된다. 지하철 입구 자판기에서야 그날의 첫 커피를 마시기도 했다. 이때는 쓴맛 단맛을 가릴 형편이 아니다. 카페인이 필요하기 때문이다. 동생 집엘 가면 '언니가 좋아하는 커피색이 이거지?' 버버리 코트 색보다 살짝 짙은 밤색의 커피를 타주어서 감격하곤 했다.

한 열흘쯤 한국에 머무는 동안엔 오직 카페인 섭취에 그 뜻을 두게 되었는데, 그러다 보니 어머니가 나를 위해 미리 사다 놓는 달달한 봉지 커피도 감지덕지했다. 도착 다음날 아침이면 무엇보다 먼저 봉지 끄트머리의 설탕을 꼭 잡고 타도 달착지근하기만 한 커피 한 잔을 타 들고 컴퓨터 앞에 앉아 하룻밤 사이에 나라가 바뀌었음을 즐긴다.

얼마 전부터는 한국에 갈 때마다 서울거리 구석구석에 카페가 늘어나는 것을 본다. 비슷비슷한 카페가 하도 많아서 어느 길이 어느 길인지 혼동할 정도다. 커피가 비싼 것은 말할 것도 없고 서울 곳곳에 생긴 던킨 도너츠 커피는 미국식 크림이 없어서 안 마신다.

다행히도 서울 어디에서나 마실 수 있는 봉지 커피와 자판기 커피가 오랜 친구처럼 나를 맞는다. 지하철역이나 식당 뿐 아니라 웬만한 사무실에는 봉지 커피나 자판기 커피가 있다.

커피 입맛이 태평양을 건너면서 로밍이 된다. 식구들과 식당에서 식사를 하고 나올 때면 으레 앙증맞은 종이컵에 쪼로록… 약간의 거품을 내며 반쯤 담기는 커피를 뽑는다. 먼저 어머니한테 건네주고 나서 내 것을 뽑아 입에 가져가는 그 순간이 즐겁다. 주차장으로 걸어가며 홀짝홀짝 마시는 따끈하고 달콤한 커피는 느긋하게 부른 배 속에 깔끔하게 마침표를 찍어준다.

뉴욕 한인타운뿐 아니라 맨해튼에 한국의 '카페 베네'가 진출을 해 우후죽순으로 퍼지고 있다. 그러나 내가 그리운 것은 멋쟁이 커피가 아니라 봉지 커피와 자판기 커피이다. 뉴욕의 한국 식당에도 자판기 커피를 갖다 놓으면 얼마나 좋을까. 아마 한국 사람들뿐 아니라 미국 사람들에게도 인기를 얻을 것이고 장사가 잘 될지도 모른다.

나날이 달라지는 한국이 언제 또 이 자판기 커피마저 없어져 버릴까 쓸데없는 걱정까지 한다. 까다로운 커피 맛이 문제다.

산 입에 거미줄 치랴

"캐쉬가 들어오는 비즈니스를 해야겠어."

가게를 하자는 것이었다. 남들처럼 부부가 열심히 일해서 돈을 벌자는 것이었다. 남편의 말을 들으며 난감했다. 기가 막혔다. 장사를 한다고? 장사라니… 다른 건 몰라도 장사는 하고 싶지 않았다.

결혼 초에 미국에 다니러 오신 친정 엄마는 대단한 발견이나 한 듯 한국에서는 딸의 친구들이 교수 아니면 디자이너더니 미국 친구들은 야채가게, 구둣방, 세탁소, 손톱가게를 한다고 하셨다. '정말 그러네.' 재미로 들었었다.

직업에 귀천이 없다느니, 뭘 해도 감사함으로 하라느니 그럴듯한 인생철학을 다 동원해 보고, 내 소질과 적성과 취미를 다 연구해 봐도 장사는 정말 못 할 것 같았다. 와이프랑 오손도손 가게에 앉아서 돈을 펑펑 벌고 싶은 남편의 마음은 움직이질 않았다. 별 도리가 없었다.

우선 리스트에서 야채가게, 생선가게는 뺐다. 남편부터 엄두를 못내는 일이었다. 하기 쉽고 보기에도 괜찮고 돈도 잘 버는 가게를 찾았다. 극장 앞 '하겐다쯔' 아이스크림 가게를 가 봤고, 백만불이 벌린다는 잡화상도 가봤다. 아이스크림 가게는 밤 11시까지라서 접었고, 브롱스에 있는 99센트 잡화상에 대해서는, 그 근처에 사는 남편 친구인 이태리 사람이 딸이 몇 살이냐고 묻더란다. "딸 결혼식에 그래도 아버지가 딸을 데리고 들어가야지." 그 동네에는 500불만 주면 사람 하나 죽이는 건 일도 아니란다. 여기 저기 다녀봐도 돈 잘 벌리고 품위 있는 가게는 없었다.

결국 문방구를 시작했다.

가게를 찾다가 별치 않는 일로 남편과 다투기 일쑤였다. 아무런 가게라도 해야겠다고 할 무렵에 한국 사람이 하는 맨해튼 사무용품 가게가 나타났다. 종이와 펜! 낯익은 물건들이라 만만했다. 추운 날씨에도 불구하고 몇 번이나 맨해튼엘 가서 타진을 해보고는 계약을 시작했는데 가게 주인이 시간을 끈다. 그러다보니 심사숙고하게 되었고 결국은 집에서 먼 곳에다 가게를 하는 건 무리라고 결정했다.

또 다시 가게를 찾아다니다가 번번이 허탕을 치고 돌아오는 차 속에서 간절하게 회개 기도를 했다.

"하나님, 아무래도 제가 오만한가 봅니다."

다음 해 봄에 집에서 가까운 곳에 자그마한 사무용품 가게가 나타났다. 예쁜 학용품과 선물용품을 파는 명실공히 동네 문방구다. 여기라면 오후에는 집에 가서 애들을 돌볼 수 있으니 무조건 '오케이' 했다. 하나님한테 감사는 물론, 크리스마스 대목을 보려고 그랬는지 몰라도 시간을 끌어준 맨해튼 가게 주인에게도 감사했다.

가게를 찾는 일보다 운영하는 일이 더 어려웠고, 남편이 나보다도 장사를 더 못한다는 걸 알았다. 팔을 걷어붙일 수밖에 없었다. 캐쉬 레지스터 쓰는 법을 익히느라 고생하던 우리는 몇 년 후엔 비즈니스를 늘리기까지 했다. 그러나 이미 메가스토어와 인터넷 비즈니스에 소매업들이 밀려나고 있는 줄을 몰랐고, 때맞추어 월드 트레이드 센터가 무너지며 손님이 줄어드는 만큼 두 아이 대학에 들어가는 돈은 막대했다. 1920년대 이후 최대의 불경기라고들 했다.

아침마다 가게 문을 열고 들어설 때면 가게를 처음 시작할 때보다 더 부담스러웠다. 쇼윈도를 장식하는 일도 싫었다. 매일 두세 잔씩 던킨 도너츠 커피를 사다 마시며 한가하게 책을 읽는다. 갤러리나 뮤지엄을 다니지 말고 그 시간을 장사 하는 일에 썼다면 돈이라도 좀 모아 두었을까? 방학 때 아이들을 데리고 나와 가게 일을 시켰더라면 부자가 되었을까?

두 아이가 대학을 마치고 나니, 학자금 융자액의 자리 수가 길다. 하나님은 나의 오만한 마음을 없애 주시지 않았나 보다. 예쁜 물건 취급하며 손쉬워 보이는 작은 가게를 했던 것은 순전히 내 탓이다. 그제사 남편은 자격시험을 보고 까다로운 과정을 거쳐서 주유소를 시작했다. 오밀조밀 선물가게보다 남편 적성에 훨씬 잘 맞는 듯했다. 가게를 팔려고 내놨으나 팔리질 않는다. 구식 가게를 살 사람이 나타나질 않았다.

조용한 가게에서 창밖을 바라다본다. 가로수의 하얀 꽃잎이 눈처럼 흩날린다. 종업원도 해고시키고 나 혼자다. 아침에 커피를 사들고 가게 문을 열자마자 자동적으로 라디오를 튼다. 음악을 들으며 커피를 마시며 책을 읽으며 근근이 가게를 유지해나갔다. 크리스마스 대목도 시시하게 지내고 서서히 꽃은 피고 지는데 뾰족한 수가 없다. 멍하게 밖을 내다보고 있는 내 모습에 내가 놀란다.

아니, 내가 지금 뭘 하고 있는 거지? 왜 이러구 있는 거지? 이러구 있어야 할 이유가 뭐란 말인가. 이유가 뭐냐구. 아니, 내가 굶을 까봐? 갑자기 '산 입에 거미줄 치랴.'란 말이 입에서 나온다. 흥. 굶어 죽기야 하겠어. 이 가게 내일 당장 문 닫자. 갑자기 마음이 밝아진다. 까짓거 문 닫으면 될 거 아냐.

그날 저녁 식탁에서 "여보, 이 가게 그냥 문 닫지 뭐." 말이 쉽게 나왔다.

“가게를 팔아서 꼭 돈을 챙겨야만 하는 건 아니잖아. 그동안 이만큼 잘 먹고 살았으면 됐잖아.”

남편이 말없이 고개를 끄덕이는 것에 힘을 얻어 한마디 더 한다.

“여보. 산 입에 거미줄 치겠어?”

남편의 눈도 반짝했던 것 같다. 우리는 오랜만에 미래를 계획하며 웃으면서 저녁밥을 먹었다.

캔들라이트 인

늦은 밤 우리 부부가 자주 가는 곳이 '캔들라이트 인(Candlelight Inn)'이라는 맥주 집이다. 이곳은 1982년 가을, 우리가 9월에 만나 11월에 결혼하기 전에 딱 한 번 와봤던 곳이다.

어느 부부든지 "어떻게 만나셨어요?"라는 질문 한마디에 곧바로 연애하던 시절로 돌아가곤 한다. 저쪽에서 하도 쫓아다녀서 얼마나 도망을 다녔는지, 양가집의 반대를 얼마나 무릅썼는지, 별것 아닌 일로 둘이서 얼마나 싸웠는지를 줄줄이 엮어낸다. 7년간 하루도 빼놓지 않고 편지를 주고받았다든가, 만나고 헤어질 땐 서로 바래다주느라 밤을 꼬박 새웠다는 식의 러브 스토리는 말할 것도 없다.

우리 경우는 이렇다. 나이 들도록 제 짝을 못 만난 남자 집사님과 나이 다 들어서 유학 온 처녀를 목사님이 단번에 엮어주신 케이스다. 남편은 주변에서 '이민 생활에 저만한 여자

만나기 어렵다.'고 부추기는 바람에 얼떨결에 승낙을 한 모양이다. 나는 더 얼떨결이었다.

대책 없이 뉴욕에 온 나에게 신문사 광고 디자인 아르바이트를 소개해 주신 목사님이, 하루는 사택으로 불러 저녁까지 먹여 주시면서 만나보라고 하시니 거절할 수가 없었다. 친구 원숙이가 날 마중하러 공항에 올 때 목사님 차를 빌렸으니 첫 순간부터 신세를 진 처지다. 목사님은 남자네가 뼈대 있는 집안이라며 어쩌면 미술 하는 여자는 별로 안 좋아할지도 모르겠다는 말도 덧붙이셨다. 나는 이 교회에서 원숙이랑 같이 주일학교 선생님을 하고 있었으므로, 약속 날까지 이 남자의 얼굴도 몰랐다. 어떤 사람인지 알려고도 하지 않았다. 일단 만나만 보고, 간곡하게 거절할 작정이었다.

내가 아르바이트하고 있던 맨해튼 32가 중앙일보사 앞에 정해진 시간에 차에서 내리는 동양 남자를 보는 순간 마음을 정했다. 목사님에게는 나하고는 맞지 않는 스타일이라고 말해야겠다고. 마음을 정하고 나니 아무런 거리낌도 없이 차에 탔다.

남자 집사님은 뉴저지의 어느 이태리 식당으로 나를 데려갔다. 생전 처음 보는 거대한 이태리 해물 요리 접시를 가운데 놓고 "이거 맛있어요." "이거 한 번 먹어 보세요." 자꾸만 내 접시에 음식을 날라다 놓는 바람에 내 눈에 콩깍지가 씌어졌다. 그날 브로드웨이 콜롬비아 대학 앞 어느 바에서 2차까지

하고 나를 142가 친구 집까지 태워다준 남자 집사님과 두 번째 만날 약속을 했으니 말이다.

며칠 후 한국서 오신 집안 어른이 가시기 전에 결혼 약속을 하라고 다그치시는 목사님에게 좀 더 생각을 해봐야겠다고 했더니 목사님의 전화 목소리에 신경질이 섞였다.

"아, 거… 노려 씨, 나이 생각 좀 하시라요."

나이! 꽉 찬 30이다. 하긴 남편감으로서 이 정도면 크게 나무랄 점이 없기는 한데. 미술 대학을 다니면서 알던 남자 동창생들, 회사를 다니며 알던 건축하는 남자 동료들과 비교를 해본다. 그 감정적이고 깐깐한 남자들이라면 어떻게 매일 일상생활을 하겠냐구. 이렇게 내 접시에 음식 놔주는 사람이어야 하지 않을까. 나무랄 점이 없는 정도가 아니라 이런 사람이어야 한다는 판단이 섰다.

당장 국제 전화를 했다. 아버지께서는 "들어보니 대충 괜찮구나. 네가 좋으면 됐지. 너의 판단을 믿는다."고 하신다. 이래서 '부모님이 반대하셔요.'도 못해봤다. 그렇다면, 한 살 더 먹기 전에 결혼 날을 잡는 게 좋겠다고 했다.

우리는 연애가 아닌 결혼 준비용 만남을 몇 번 더 했다. 어느 일요일 성가대 지휘자 부부와 '메이시즈 파크(Macy's Park)'엘 놀러 갔다가 돌아오는 길에 남편감 집사님이랑 지휘자는 네온 인이 반짝이는 어느 맥주집 앞을 지나치지 못했다. 벽에 텔레비전이 걸려있는 시끄러운 식당 안에 잠시 앉아있던 기억 밖에는 없다.

결혼하고 애들 키우기 좋은 곳으로 이사를 하고도 또 한참을 지낸 어느 날이다. 우리 동네 큰 길에서 그 맥주집이 눈에 들어왔다. 붉은색 페인트칠을 한 개인집처럼 생긴 맥주집이다. 촛불 그림이 벽에 그려져 있고, 'CANDLELIGHT INN'이라고 써 있다.

여기가 우리가 한 번 들렀던 곳 아닌가? 아하, 여기였구나. 어디 멀리 간 줄 알았는데 여기였네. 그걸 여지껏 몰랐네. 그뿐이다. 아무런 감회도 아무런 추억도 솟아나질 않았다.

가끔씩 '캔들라이트 인' 앞을 지날 때면, '그러게… 우린 정말 너무 쉽게 결혼했나봐. 괜히 서둘렀어.' 하는 후회의 마음을 발전시키지 않으려고 빨리 고개를 돌렸다.

중학교 스포츠 팀에 들어간 아들아이가 자주 캔들라이트 인에 가는 것 같았다. 게임 후에 이곳에 가서 치킨 윙을 먹는 것이 그 학교 스포츠 팀의 전례라고 한다. 알고 보니, '캔들라이트 인'은 1956년부터 바로 이 자리에 있는 동네의 명소였고, 치킨 윙으로 명성이 높았다. 그러면 그러라지 뭐. 시간은 눈코 뜰 새 없이 지나갔다.

결혼 20주년 날에 우리는 두 번째로 캔들라이트 인에 갔다. 대학생이 된 아이들의 선물로 메트로폴리탄 오페라를 구경하고 나서이다. 이날 역시 로맨틱하고는 거리가 멀다. 용케 졸지 않고 오페라를 잘 구경한 남편이 기지개를 펴며 "어디 가서 한 그릇 먹자." 한다. "이 시간에 어딜 가. 괜히 값만 비싼데. 또 파킹은 어떻게 하구." 하다가 "여보. 우리 캔들라이트 갈까?" 했다. 불현듯 떠오른 발상이었다.

늦은 밤, 캔들라이트 인에는 사람들이 빽빽이 서서 기다리고 있다. 벽에 달린 웨이팅 리스트에, 'James, (2)'라고 적어놓고 하염없이 기다렸다. 드디어 웨이트리스를 따라 식당 안에 들어가니, 20년 전과 똑같이 벽에 걸린 TV에서는 스포츠가 나오고 있었고 뒷사람과 등이 맞닿을 정도로 비좁고 시끄러웠다. 우리는 "어디 맛 좀 보자." 치킨 윙과 와인 한 병을 시켰다. "치킨 윙 진짜 맛있네." 하며 닭다리를 뜯으며 와인의 효력이 서서히 발휘되는 걸 느꼈다.

그때부터 우리는 '캔들라이트 인'의 단골이 되었다. 저녁을 먹고 나면, 누가 먼저 말을 꺼내든 '캔들라이트 갈까?'에는 뜻이 맞는다. 한 번은 무릎까지 눈이 와서 맥도날드조차 문을 닫던 날, 장화를 신고 모자와 머플러로 중무장을 하고 한밤중 산책 겸 집을 나섰다. 눈 치우는 차가 밀고 지나간 큰 길은 적막하고 광활했다. "캔들라이트 열었을까?" 내 말에 남편이 셀폰으로 'What Time do you Close tonight?' 하더니 휙 방향을 돌린다. '3시까지래.' 씩씩하게 앞서 걷는 남편의 뒤를

좇았다.

몰아치는 눈바람을 온몸으로 받으며 시베리아 벌판을 걸어가는 지바고와 라라를 그 누가 말릴 수 있었으랴. 폭설도 아랑곳 않고 모여든 젊은이들이 바글거리는 사이에서 우리는 가슴 끓는 연애가 아닌 느긋한 밤참을 즐겼다.

반대로 흐르는 강

전혀 의심을 해본 적이 없는 사실 하나가 어이없이 깨어져 버렸다. '비는 하늘에서 내리고, 해는 동쪽에서 뜬다'라는 명백한 사실도 그러나 꼭 그렇지만은 않다.

'사실'이라는 것이 언제부터 어떻게 내 머리 속에 그토록 분명하게 자리잡고 있었던 것일까? 'BODIES'라는 전시에서 본 사람의 브레인은 정말로 곱게 까놓은 호두알 같았다. 과학자들이 이 작은 두 쪽짜리 두뇌의 반도 알아내지를 못했다니, 내 머리가 사실을 사실로 받아들인 걸 그대로 믿을 수가 있을까.

식당 'Harvest on Hudson'은 강물에 손을 담글 수 있을 만큼 허드슨 강에 바싹 자리 잡고 있다. 지구가 어떻게 되나보다 할 정도로 요란스런 날씨가 계속되더니 강변 레스토랑으로 점심 약속을 잡아 놓은 날은 구름 한 점 없이 화사했다. 오랜 친구들과 수다를 늘어놓을 일뿐이었으니 마음이 날씨와 잘 어울렸다. 차에서 내리면서부터 강을 향해 가슴을 펴며 한껏 강 기운을 받아들일 기세였던 나에게 뭔가가 자연스럽지가 않았다.

'아니?' 할 때까지의 찰나가 몇 겁의 시간이 흐른 듯했다. 강이 거꾸로 흐르고 있었다. "어머나. 강이 북쪽으로 흐르네." 내 소리에 친구들도 발을 멈추고 강을 바라본다. 강물이 남쪽으로, 그러니까 맨해튼 쪽으로 즉, 바다를 향하여 흘러야 하는데, 물이 흐르는 방향은 반대쪽이다. 누군가 "바람이 북쪽으로 부나?" 하자 다들 그런가보다 하고는 서둘러 식당으로 들어갔다. 맛있는 음식과 함께 밀린 이야기보따리를 풀어내고 식당을 나올 때에는 강물에 대해서는 까맣게 잊어버렸고 강 쪽은 바라보지도 않았다.

하지만 집에 오자 거꾸로 흐르던 물결이 마음에 거슬렸다. 바로 전날까지 심하게 퍼부었던 비 탓인지 유난히 철썩대는 흑갈색 강물이, 살랑 부는 바람에 방향을 바꿀 수 있을까? 아니, 바람도 없었다. 어떤 물고기들은 물결을 거슬러 상류로 헤엄쳐간다는 건 알아도, 강물이 상류로 흐른다는 말은 들어본 적이 없다. 내가 확실히 본 것일까? 그렇게 수없이 허드슨 강을 건너 다녔으면서도 유심히 물결을 살펴본 적이 없었단 말인가.

이 미스터리는 쉽게 밝혀졌다. 구글로 'Hudson River'를 검색해서 맨 위에 뜬 '위키페디아'를 클릭하니 처음 몇 줄 속에서 그 의문이 맥없이 풀린 것이다.

허드슨 강은 대서양의 강한 밀물 때마다 상류 쪽으로 흐른다. 겨울에는 얼음조각들이 북쪽을 향해서 둥둥 떠가는 것도 볼 수 있다. 알바니(Albany)보다도 더 북쪽에 있는 도시 트로이(Troy)까지도 대서양 바닷물이 올라간다. 원주민 인디안들은 허드슨 강을 양쪽으로 흐른다는 뜻으로 '무해쿤네턱(Muh-he-kun-ne-tuk)'이라 불렀다.

눈의 착각도 아니고, 바람 탓도 아니요, 신의 계시도 아니었다. 과학적인 것이었다. 그때까지 내게는 '강물이 상류에서 하류로 흐른다.'는 것이 상식이고 진리였다. 우주가 계속해서 커지고 있다는 것을 밝힌 과학자들이 노벨상을 받았다고 한다. 강물이 엉뚱한 방향으로도 흐르듯이, 우주 또한 우리가 모르고 있는 곳에서 흘러와 또 어디론가 알 수 없는 곳으로 흐르고 있는지도 모른다.

사람이 '알면 얼마나 안다고' 이 나이 되도록 겹겹이 쌓아온 한 줌의 지식과 굳어진 사고방식에 완전히 의존하고 사는 걸까. '무헤쿤테턱' 강처럼 나의 생각을 양쪽으로 흘려보는 연습을 해야겠다.

강은 거꾸로도 흐른다. 아니, 양쪽으로 흐른다. 대단한 지식이다.

뿌린 대로 거두리라

'하기 싫은 일에는 이유가 많고, 하고 싶은 일에는 방법이 많다'는 것을 깨달은 것은 바로 우리 마당 텃밭을 바라보면서이다. 작년에 실패 봤던 농사, 올해는 성공해보리라 결심을 했다.

아예 마당에 나가 일하는 것을 싫어했다. 늘 바쁘기도 했지만 허리도 좋질 않다. 가끔씩 오시는 시어머니가 우리 마당을 지켜주셨다. 시어머니는 다녀가신 날 저녁 꼭 전화를 하신다. "아까 오이 넝쿨 묶어 주다 왔는데, 나머지 네가 좀 묶어 줘라." 나는 무조건 "네, 네" 대답을 하지만 오이 넝쿨은 다음 번 시어머니가 오실 때까지 그냥 땅바닥에서 기어 다니기 일쑤였다.

그동안 저절로 자란 것 같은 싱싱한 깻잎이나 부추로 반찬을 해먹은 것도 실은 다 시어머니 덕분이었다. 친정어머니도 몇 년 만에 한 번씩 우리 마당에 기여를 하셨다. 지금은 우거져 있는 개나리도 친정어머니가 꺾꽂이 해주신 것이고 길가에서 캐어 다 차고 앞에 심어 놓은 한 뼘짜리 단풍나무가 사람 키 높이로 자라고 있었다. 이렇게 풍성한 마당을 당연히 여기며 살아왔다.

몇 년 전 우여곡절 끝에 최신식 콘도에 가서 2~3년을 살게 되었다. 그러다가 또 우여곡절 끝에 다시 이 집에 돌아왔다. 마블로 된 부엌과 욕실에 기분이 붕 떴던 것도 잠시 흙한 점 밟을 수 없는 콘도 생활보다는 낡은 집에 손바닥만한 마당이 천상의 정원 같았다. 아이비가 엉기고 기울어져 가는 담장에 옛정이 깃들어 있다. 텃밭 자리에 희미하게 부추가 있던 흔적이 보기에 안쓰러웠다.

자연회귀에 가까워진 나이가 되었나. 나는 마당 있는 옛 집으로 돌아오자 본격적으로 마당에 눈을 돌렸다. 마치 큰 농장을 인수한 듯 감나무와 대추나무 묘목을 한 그루씩 사다 심었다. 원래 있던 밭을 다시 일구고 마당 한 구석에 밭을 하나 더 만들었다. 커피 찌꺼기가 좋은 비료라고 해서 큰 통에 얻어온 커피 찌꺼기를 밭에다 통째로 쏟아 부었다. 그렇게나 잘 자라던 깻잎도 비실비실, 부추는 실처럼 가늘고 토마토며 오이며 열매가 생기다가 만다. 카페인에 찌들린 농사는 망해버렸다.

첫 해는 그렇다 해도 '올해는 잘 해보리라.' 희망을 가졌던 작년 농사도 또 실패를 봤다. 커피의 독이다 빠졌을 테니 온갖 모종을 사다 정성스레 심었다. 땡볕에서 허리를 못 피며 농사를 지었건만, 역시 수확이 없다. 30년 세월에 고목나무가 된 나무가 해를 가리고 그 뿌리가 땅을 망쳤다는 결론을 내렸다.

어디 내년에 두고 보자, 또 다시 긴긴 겨울을 지내며 단단히 다짐을 했던 터다. 눈이 녹기가 무섭게 농사를 시작했다. 햇빛이 잘 들게 나뭇가지를 쳐내고 비료 섞인 흙을 많이 뿌리자. 모히토 칵테일을 만들 박하와 쌈 싸먹을 머위 풀도 심어보자. 친정어머니가 애지중지하는 흰 테두리 나팔꽃 씨는 따로 집 가까이 뿌리고, 드라이브 웨이 가장자리엔 코스모스가 제격일 테다. 라일락 향이 진동하는 마당을 그리며 정신없이 땅을 판다. 그러다가 허리가 펴지질 않아 번번이 네 발로 땅을 기면서, 천 삽 뜨고 나서는 꼭 허리를 폈어야 하는데, 후회를 한다.

매일아침 마당엘 나가 조용한 땅을 보면서 "이놈의 씨들이 나오는 거야 뭐야." 신경이 곤두섰다. 어느 날 아침엔 동물이 밭을 헤쳐 놓은 걸 발견하고 주저앉는다.

깨알 같은 싹이 돋기 시작하면 어느 것이 잡초인가 또 세밀히 들여다본다. 아침에 본 것이 저녁에 나가 보면 조금 더 자라있는 것까지 눈치챈다. 부추 사이에 숨어 있는 콩알만한 클로버를 뿌리째 뽑아 버렸다. 자, 이제 고추와 토마토 모종을 심을 차례다. 우리 입맛에 맞는 고추는 한국가게에 가서 사와야겠지.

마당 한쪽에 작년에 스스로 돋아났던 도라지 순이 다시 불쑥 올라와 있다. 바람에 흔들리는 연보라 꽃은 일품이다. 감나무 잎사귀도 하루가 다르게 커지고 있다. 초여름에는 감잎차를 만들어야지. 아~ 올해 농사는 풍년이다.

뿌린 대로 거두고, 콩 심은 데서 콩이 난다는 격언을 굳게 붙잡는다.

잔디보다 잡풀을

법정스님이 돌아가시고 나서야 책꽂이에서 누렇게 바랜 『물소리 바람소리』를 꺼내 봤듯이, 박완서 씨가 돌아가신 후에 그분의 산문집 한 권을 얻어 들었다.

내가 생각했던 박완서 씨와는 달리 잔디에 난 잡초 뽑는 이야기를 하고 계셨다.

어딘지 서민의 냄새가 풍기는 그분의 이미지와 잔디는 안 어울리는 것 같았다. 누가 뭐래도 한국하면 잔디 잔디 금잔디 심심산천의 금잔디다. 집 마당에 있는 새파란 잔디는 아니다. '고향의 푸른 잔디여'를 외쳐 부르던 조영남의 노래에서는 뒷동산 잔디밭이 생각나지만, 탐 존스가 'green green grass of home' 할 때에 그린 그래스는 미국 어느 집에나 있는 잔디밭의 이미지와 딱 맞는다.

우리 집 마당도 잔디로 되어있다. 천편일률적 개성 없는 푸른 잔디다. 나는 잔디가 맘에 안 든다. 온 정성으로 손질되어 깔끔하기 이루 말할 데 없이 반듯한 잔디밭을 보면 초록색 비닐 카펫 같아서 정이 안 든다. 박완서 씨가 아침에 눈 뜨자마자 마당에 나갔다가 열시 넘는 시간까지 잔디에 난 잡초를 뽑는다고 했듯이, 집집마다 잔디밭은 그 집 주인의 손에 달려 있다.

우리 앞마당 잔디는 겨우 이웃의 눈총을 피할 정도로 남편에 의해서 유지되고 있다. 초여름 민들레가 우거질 시즌이면 남편은 출근하다 말고 그 짧은 시간에 후닥닥 민들레 몇 송이를 뽑아낸다. 어느 날은 느닷없이 잡초 죽이는 약을 사다 마구 뿌린다.

하이웨이 가장자리에 흐드러지게 피어난 이름 모를 꽃들과 마당 한구석에 미안한 듯 숨어 핀 자잘한 꽃들을 좋아하는 나는 잔디에 핀 민들레와 연보라 클로버를 절대로 잡초라고 부르지 않는다. 제발 꽃을 좀 놔두라고 해도 남편은 잔인하다.

한 번은 뒷마당 잔디에 난 풀을 들여다보다가 깜작 놀랐다. 잔디 깎는 기계가 지나간 그 밑에 팥알보다 작은 산딸기가 빨간색 구슬처럼 쪼로록 매달려있었기 때문이다.

지난 봄, 두껍게 얼어붙은 눈 더미 속에 석 달 넘게 눌려 있다가 서서히 드러난 초라한 잔디밭을 내다보며 저걸 어떻게 할까 궁리를 하던 터라, 박완서 씨의 잔디이야기가 새삼스러웠는지도 모르겠다.

앞마당은 감히 건드릴 수 없다쳐도, 뒷마당이야 왜 내 맘대로 못할까. 이사 왔을 때 조그맣던 나무들이 고목이 다 되어 가니, 땅도 나쁘고 그늘도 진다. 그렇게 공을 들였건만 야채 농사는 내 분야가 아님을 절실히 깨달았다. 이제 농사는 졸업을 할까 한다. 그리고 그냥 널따란 꽃밭을 만들고 싶다.

어린 시절, 어머니는 그렇게 여러 번 이사를 다니면서도 매번 꽃밭부터 만들었다. 채송화, 나팔꽃, 봉선화, 백일홍, 분꽃, 꽈리나무, 코스모스, 한련, 해바라기, 수세미 덩굴과 유자 넝쿨… 정릉 집에는 깻잎이 있었고, 컴푸리라는 약초도 있었다. 한 구석에는 쑥도 자라고 짙은 보라색 할미꽃도 피었었다. 모든 꽃들이 아무런 규칙과 이론도 없이 잡초들과 어울린 자유분방한 마당이었다. 지금 목동 아파트 1층에 사시는 어머니의 작은 뒷마당에도 수십 종류의 나무와 꽃과 채소들이 비밀의 정원을 방불케 한다.

나도 그런 마당을 만들어보고 싶다. 우선은 남편과 맞서야 한다. 지난해 가느다란 감나무 하나를 뒷마당에 심으며 남편과 실랑이를 벌인 이유는, 나는 나무가 커가면서 실컷 가지를 뻗도록 잔디밭 가운데에 심자고 했고, 남편은 잔디를 건드리지 않으려고 벽에 바짝 붙여 심으려 했기 때문이다. 그러면서도 남들처럼 잔디를 파랗게 가꾸지 못하는 남편이다.

'그래, 잔디가 뭐 대수냐. 차라리 잔디보다는 잡초다.'

남편을 이겨내고 저 초라한 잔디밭을 과감히 없애자. 박완서 씨도 '… 어디서 날아왔는지 하룻밤 새에 잡풀이 자라 꽃까지 피우는 생명력이 경이로우면서 끝없는 노동력에 맥이 빠지면서 '내가 졌다.'라며 백기를 든다…'라고 했다.

그러자. 아예 뒷마당에는 잡풀과 잡초와 야생초가 마음껏 자라도록 내버려두자.

풀들이 어떤 모양으로 자라, 어떤 꽃을 피우는지를 한두 해 두고 보다가, 사이 사이로 자갈을 깔아 길을 내고, 나무 밑에는 의자를 놓자. 언 땅을 젖히고 제일 먼저 피어나는 히아신스서부터, 튤립 그리고 옥잠화가 순서대로 피어나며, 한여름엔 흰색, 하늘색, 노란색 잡초 꽃이 만발하는 꽃 마당. 아무런 표정도 없는 잔디가 아니라 갖가지 이야기가 꽃을 피우는 나만의 꽃 마당을 갖고 싶다.

잔디 신경 안 써도 되니까 남편도 속으로는 좋아하리라.

아침 커피를 타 들고 나무 밑 벤치에 앉아 책을 읽는 모습을 상상하며 마당 평면도를 그려 본다. 하루 종일 그늘을 드리우는 큰 나무는 미안하지만 좀 잘라 내야겠다. 도라지의 뿌리를 캐고 감나무에 열린 감을 세어 보는 나의 노후 계획도다. 실천은 또 다른 문제다.

그 다음 또 그 다음으로

갈퀴달과 뷔너스

창으로 하늘이 들어온다. 밤새 또 눈이 왔나. 고개를 들고 무심코 밖을 바라보다 깜짝 놀랐다. 짙은 청색 하늘을 배경으로 가늘게 얽히고설킨 새카만 나뭇가지들 사이에 가느다란 조각달 하나와 빤짝하는 별 하나가 걸려 있다. 가슴이 뛰었다.

'아. 엄마가 말하던 게 저거구나.'

벌떡 일어나 카메라를 찾았다.

철컥 철컥. 저 광경이 사라질까봐 빨리빨리 셔터를 누른다. 잠이 다 달아난 김에 내처 컴퓨터 앞에 앉아 어머니에게 이메일을 썼다. '엄마, 이거지? 엄마가 말하던 그 달과 별, 맞지?' 사진을 첨부한다. 기다리던 답장이 왔다.

'바—로 저 갈퀴달에다 에스코—트 하듯 같이 나타나는 금성 뷔너스. 나도 매일 새벽 5, 6시경 동쪽 하늘의 그들과 인사부터 한다요. 네 사진의 달, 내 일기장의 달과 꼭 같고.'

뭉클하다. '엄마는 그 달과 별을 일기장에 그렸구나.'

어린 시절에 어머니가 자주 들려주던 이야기가 있다. 오빠들이 망원경을 들고 지붕에 올라가 별을 바라보는 것을 보던 어린 마음에 '저 별들이 떠 있는 하늘 너머는 뭘까? 또 그 하늘 다음엔 뭐가 있을까, 그 다음엔…' 생각하다가 무서워서 울었다는 이야기다.

20년 넘게 혼자 사시는 엄마의 중요한 일과는 창밖 내다보기다. 매일 아침 등교하는 아이들서부터 건너편 아파트에 불이 켜질 때까지 바쁘게 오가는 바깥세상 보기를 하신다. 세계의 도시라는 뉴욕 딸집에 오셔서도 하루 종일 집에 갇혀 지내셨으니 결국은 또 창밖 내다보기를 하셨다. 우리 집에서의 바깥세상은 나무로 둘러싸인 앞뒤 집 밖에 없다.

나와 잠시 얼굴이 마주치기만 하면 '해가 뜰 때는 저 뒷집 나무 사이에 빨간 점 하나로 시작 된다'라든가, '해 뜨는 자리가 점점 북쪽으로 옮겨 간다.'는 얘기를 자주 하셨다. 새벽부터 창밖을 내다보셨던 것이다. 조각달과 금성이라는 말도 자주 들었지만 그저 응응 하곤 했었다.

요즈음 끄떡하면 창을 내다보는 나를 발견한다. '너도 내 나이 되어봐라.' 하던 어머니의 말이 여기저기 맞아 떨어지고 있는 가운데, 하늘 쳐다보는 일까지 그 나이가 되고 있는 것이다. 저녁에 차에서 내려 현관까지 가는 짧은 시간에도 하늘을 올려다본다. 집 앞 큰 나무를 가운데 두고 구름과 달과 별들이 서서히 자리를 바꾸는 것을 바라본다.

유난히 밝은 북극성을 찾아보고, W모양의 카시오페아와 별 세 개로 허리띠를 한 사각형 오리온 좌를 찾느라 고개를 돌린다. 한 번은 플로리다에서 초저녁 비행기를 탔는데 창밖을 보니, 집에서 보던 것보다 훨씬 더 커다란 오리온이 검푸른 바다 속으로 한 발을 담그고 있는 모습에 하늘이 손닿을 듯했다.

눈썹 같은 초승달을 보고, 노을진 하늘에 홀로 빛나는 금성도 찾아본다. 점 같은 별 하나를 놓고 빤히 쳐다보고 있으면 서서히 다이아몬드처럼 반짝거리기 시작한다. 차가운 빛을 발하며 나에게 무슨 신호를 보내는 것 같다. '별 하나 나 하나 별 둘 나 둘…' 할 때의 그 별인가. NASA에서 얼음덩어리 명왕성 사진을 찍어 보냈지만 별은 어디까지나 별이다. 한 번 반짝한 저 빛이 몇 천만 광년이 걸려 내 눈에 들어온 것이니 귀하기만 하다. 고대 사람들은 바로 저 별을 보며 세상을 판단했다는 것이지.

태양계를 넘고 은하계를 넘어 그 다음으로 또 그 다음으로 한도 없이 뿌려져 있는 별 덩어리들을 생각하다가, 어머니처럼 눈물이 날 뻔한다. 빅뱅 이후 38만 년쯤 지나서의 모습이라는 타원형 우주지도가 색맹 검사 차트 같았다. 이 세상의 명이 끝나면 가는 곳이 저 아름다운 그림 속 어디쯤일까?

오늘 아침에도 문득 침대 머리맡 창문을 내다본다. '갈퀴달과 그 달을 에스코트 하고 나온 새벽 별 뷔너스(비너스)'가 있나 하고. 그러나 창밖에는 해만 가득하다.

아직은 매일 새벽 그들과 인사를 한다는 엄마 나이는 아닌가 보다.

디아 비컨

한 번 더 가봐야지 하던 '디아 비컨(Dia: Beacon)'엘 갔다.

뉴욕시 북쪽 비컨(Beacon)이라는 도시에 있는 '디아(Dia)'는 맨해튼 첼시(Chealsea)에 있는 뮤지움 '디아'의 분점이다. 첼시 디아를 처음 갔을 때는 회색의 좁다란 3~4층 좁다란 건물을 보고 뉴욕의 그 흔한 갤러리의 하나쯤으로만 생각했었다. 층마다 다른 색으로 칠해진 가파른 층계가 꽤 인상적이긴 했어도 뮤지움이라 부르기엔 초라하다.

그 후 '디아'가 우리 동네에서 멀지 않은 곳에 생겼다는 뉴스에 취재차 급하게 다녀온 적이 있다. 시골 동네에 있는 뮤지움 치고는 의외로 큰 규모에다가 유명한 작가의 어마하게 큰 작품들이 있어서 언제 한 번 다시 와서 천천히 잘 봐야겠다고 생각했었다.

그 언제 한 번이라는 말이 쉽게 10년을 갔다.

맨해튼서부터 북으로 이어지는 브로드웨이는 웨체스터를 지나가면서 '루트 나인'이라는 도로로 바뀐다. '디아비컨'까지 이어지는 이 길에는 신호등이 하도 많아 바쁠 때는 멀리 돌아가더라도 차라리 하이웨이를 택하게 되는 길이다. 그날은 아무 일도 없이 느긋한 기분으로 '루트 나인'을 따라 '디아 비컨' 찾아갔다.

시골 길에 들어서서 우회전 좌회전을 몇 번을 하고 언덕길을 내려가면 '디아'가 있다. 널찍한 공터 한 가운데 네모난 붉은 벽돌 빌딩은 기억보다 더 나지막했고, 역시 또 뮤지움이라고 하기엔 너무나 조용하기만 했다. 그러나 주차장엔 차가 줄지어 서 있었다.

찬바람이 부는 주차장을 가로 질러가 입구의 문을 열자 웅웅거리는 말소리와 함께 훈훈한 커피 냄새가 확 풍겼다. 맨해튼에서나 볼 것 같은 젊은이들이 매표소 앞 카페에 앉아 있었다. 이상하리만치 정숙하면서도 세련된 분위기 속에 나 혼자 유독 늙수그레한 아시안 여자라서인지 좀 주눅이 드는 듯했다.

광활한 전시장 여기저기서 뚜벅뚜벅 구둣발 소리가 쩌렁쩌렁 울린다. 나도 그 박자에 맞추어 눈에 익은 컨템포러리 작품들을 바라보며 걸었다. 한참 생각을 해야 하는 심오한 철학을 눈에 보이는 조형물로 만들어 낸 작가는 어떤 사람일까. 좋다 싫다를 떠나서 하나하나 작품에서 여기에 걸리기까지의 치열했을 인생이 느껴진다. 광활한 전시실 분위기에 압도된 탓일까. 그보다는 이리 저리 헤매어온 나의 인생 여정을 돌아보게 되어서 인가. 말없는 작품 앞에 숙연해진다.

지하로 내려가니 녹슨 두꺼운 철판이 휘어져 거대한 벽을 이룬 리차드 세라의 조각이 앞을 가로 막는다. 검붉은 담벼락 사이로 걸어 들어가 어린애처럼 빙빙 돌아 짧은 미로를 빠져나갔다. 작품에 압도 된 채로 건너편 벽에 난 문을 열자 느닷없이 허드슨 강이 펼쳐진다. 뜻밖에 아는 사람을 만난 듯 '아, 정말 여기 허드슨 강이 있었지.' 놀라움과 반가움이 엇갈리는데 강물은 말이 없다. 흐린 하늘과 맞닿은 강은 회색물감을 마구 풀어놓은 듯했다.

이만큼 상류로 올라왔어도 강폭이 참 넓구나. 강바람을 맞으며 하염없이 강을 바라보았다. 무심했던 강의 표정에 초록색과 주황빛이 감돌며 넘실거린다. 내가 보는 동안에 건너편 육지를 따라 그어진 곡선이 구불구불 또 하나의 컨템포라리 예술이 된다.

애초에 그 언저리에서부터 미국생활을 시작했건만 이렇게 아름다운 강을 나는 왜 내 인생 속에 엮어 놓지를 못했을까. 하도 친해서 무심하게 대했던 친구를 새삼 발견한 기분이 이럴 것인가? 허드슨 강이 말을 한다. '항상 네 옆에 있었지만 넌 나에게 말을 걸어오지 않았잖아.'라고. 나도 허드슨 강을 향해 말을 했다.

'좋아, 근데 너는 타향살이가 뭔지 알기나 해?'

구름 사이로 드러난 햇빛이 강에 반짝 반사된다. 이제 내가 허겁지겁 살던 일에서 좀 벗어난 모양인가. 마음을 강물에 담그고 넋을 놓고 서 있기까지 하고 말이다.

루트 나인을 따라 집에 오는 동안 내내 저만치서 허드슨 강이 나를 따라 내려오고 있었다. 아니다. 내가 허드슨 강을 따라 내려가고 있었던 것 같다.

언제 한 번은 더 디아 비컨을 가봐야겠다.

글의 홍수

글의 홍수다. 새벽서부터 오밤중까지 글이 넘쳐 난다.

스마트폰 속에서 콸콸 쏟아진 글발이 폭포를 이룬다.

역사 이래 이만한 홍수는 노아 이후 처음일지도 모르겠다.

발 없는 말이 천리를 간다는 건 옛말.

요즘에는 발 없는 글이 순식간에 천만 리를 간다.

말은 연기처럼 사라지지만 글은 분명한 흔적을 남긴다.

지워버려도 다시 살아난다. 증거가 분명하다.

기다란 꼬리를 단 글자들이 지구 구석구석을 누비고 다닌다.

카톡은 더하다. 표정도 없이 억양도 없이 주고받는 수다가 세상이 천하를 지배한다. 워낙 말하기 좋아하는 인간 본능이 조그마한 네모칸 안에다 희비쌍곡선을 긋는다.

온 세상이 내 손 안에 들어오고 먼 곳에 사는 동생과 실시간 통할 수 있는 최첨단 테크놀로지에는 감사를 마지않는다.

그러나 내가 스마트폰의 노예가 되어버린 것은 유감이다.

언제 어디서나 셀폰에서 내는 소리에는 견뎌 내지를 못한다. 운전을 하다가도 까꿍하면 반사적으로 셀폰을 찾는다. 싫으면서도 멀리 할 수 없는 것이 카톡이다. 소리를 아주 꺼버리지는 못해서 작은 소리로 세팅을 해놓고도 미세한 진동음에 즉각적으로 전화기를 잡는다.

운전 중에도 까꿍 소리를 참지 못하고 위험을 무릅쓰고 곡예를 하듯이 열어본 카톡에 별로 잘 알지도 못하는 사람으로부터 '엄청 웃겨요.' 아니면 '넘넘 감동입니다.'라는 글이 들어와 있으면 맥이 빠진다. 화도 난다.

지혜의 글, 충고의 글, 격려의 글, 신기한 글, 웃어 보자는 글이 까꿍거리며 줄을 잇는다. '배꼽 빠집니다.' 한 글에는 김이 빠지고 '가슴이 아파요'에 무덤덤하다. 천년만년 사는 법을 가르치며, 스티브 잡스나 빌게이트가 되라고, 예수님이나 부처님 같은 사람이 되라고 독촉하는 데에는 속수무책이다. 할렐루야. 오직 예수, 기뻐하고 범사에 감사하고 항상 기도하며 서로 사랑하라면서도 '동성연애자 결혼 합법'에는 십자군 군병처럼 대항하라며 무장을 강요하는 카톡에는 가슴이 답답해진다.

처음에는 보내는 사람의 정성을 생각해서 답글을 쓰곤 했다. 나에게만 보낸 것이 아니라 수십 명에게 한꺼번에 보낸 글을 받을 때 그리고 똑같은 글을 여러 번 받아볼 때에는 큰 맘 먹고 진지하게 "나를 생각해서 직접 쓰신 글을 받고 싶어요."라고 써 보내기도 했다.

요즘에는 왜 이다지도 근거 없는 글들이 세상을 장악하고 있는지 모르겠다. 정통이 아닌 인스턴트 글로 독서를 대신하는 것일까? 상대방에게 가장 적합한 말을 고르느라 고심하는 글쓰기를 상실해버린 것이나 아닐까. 뭐든 복잡하고 심각한 건 싫다는 심리일까. 노벨 문학상을 받은 오르한 파무크는 종이 냄새가 좋고 잉크 냄새가 좋아서 하루 종일 방안에 앉아 글 쓴다고 했다. 또한 모든 인생의 아름다움과 그 풍성함을 글자로 옮겨 놓는 일을 너무나 좋아하기 때문에 글을 쓴다고 했다

비록 이제는 종이 냄새도 잉크 냄새도 없지만 작가가 아닌 보통사람들에게도 글을 읽고 쓰는 재미라는 것이 엄연히 있지 않은가. 진솔한 글을 읽으며 글을 쓴 사람과 마음을 합하여 내가 모르는 세상을 풍성히 누려보는 재미도 있을 텐데. 번지 없는 글이 끊이질 않는 데에는 무력한 한숨이 나온다.

'내가 좋아하는 것을 남에게도 해주라.'라고 성경에 써 있다고 해서 내가 좋아하니까 남도 좋아할 것이라고 단정 지을 수는 없다. 그렇지 않다. 같은 말 같아도 '내가 싫어하는 것을 남에게 하지 말라.'라는 황금률이 차라리 더 존경스럽다. 즉 남의 입장이 되어 보라는 것이다.

스마트폰의 미세한 소리를 이겨내지 못하고 흙탕물 같은 글에 빠져버리고는 하릴없이 투정이나 하고 있는 내 자신이 유감이다.

뮤지움 데이

신문에 난 LEE UFAN이라는 이름을 이우환이라고 읽는데는 약간 시간이 걸렸다. 이분이 세계적인 작가가 되는 것이 꿈이라고 하셨다던데. 와아, 꿈을 이루셨구먼 했다. 구겐하임 전관에서 우리나라 화가의 특별 회고전시를 하기는 백남준 회고전 이후 처음이다.

때를 맞추어 건너편 메트로폴리탄 뮤지움에서 하는 한국의 분청사기전의 기회를 놓치지 않고 문우들이 '뮤지움 데이'를 하자고 했다. 미술대학 나왔다고 내게 안내를 해달라는 것이다.

분청사기는 아무런 걱정도 하질 않았다. 그러나 이우환 씨가 붓으로 툭툭툭 점을 찍어놓은 그림이나 뎅그러니 바위 덩어리 하나를 갖다놓은 추상 예술을 어떻게 설명을 해야 하나. 인터넷만 열면 이우환 예술론이 수두룩하지만 문제는 읽어도 잘 모르겠다는 데에 있다.

뉴욕 전시를 위해서 롱 아일랜드 햄튼 바닷가에 가서 바윗돌을 골랐다는 이우환 씨는 뉴욕 타임즈 인터뷰에 "이태리 투스카니의 돌, 불란서의 돌 그리고 영국의 돌이 모두 다 다릅니다. 각자가 그 지방의 성격을 지니고 있지요."라고 했다. 바위는 지방마다 다 다르다. 당연한 얘기다. "햄튼은 바윗돌을 찾기에 아주 좋은 곳입니다. 여기에 네 번이나 왔어요."라고 한 것도 당연한 소리다. 산더미 같이 쌓인 바윗돌 중에서 단번에 마음에 딱 드는 것 하나를 고르기가 어디 쉬운 일인가. 이렇게 당연한 이야기를 하는 이우환 씨의 작품 해석들은 어째서 난해하기만 한 것인지.

뮤지움 데이 전날 나 혼자 먼저 구겐하임엘 갔다. 뮤지움 데이를 잘 이끌어나갈 쉬운 길이 있을까 찾아보고 싶었다. 진정한 예술작품은 쉬워야 한다는 것이 내 철학이기도 하다. 구겐하임에 가서는 그동안 주워들었던 이우환의 예술론 같은 것을 애써 털어버렸다.

전시장 여기저기 아무렇게나 놓인 듯한 바위들을 내 눈 높이에서 천천히 바라봤다. 비바람이 깎아 놓은 돌덩어리의 완만한 곡선을 따라, 아트 크리틱의 날카로운 눈이 아니라 그저 평범한 눈으로 바라본다. 그러다 보니 빙빙 돌아 올라가는 전시장을 슬슬 걸어가며 마주치는 이우환 씨의 점 하나, 멀뚱히 놓인 바위 하나라는 난해한 작품들이 평범하게 바뀌어 가는 걸 경험했다. 작가의 머리와 손으로 정교하게 계산되어져 나온 작품 하나하나가 명상의 대상이 되어갔다. 예술이라는 동떨어진 개체가 아니라, 우리 같은 사람들이 진리를 찾기 위한 대상으로서의 예술작품이 된다.

이것이 내가 본 이우환이다. 다른 사람들에게는 어떤 이우환이 될지 그건 그들의 몫이다, 나는 나로서 충분하다는 것이다.

'뮤지움 데이' 날 많은 친지들이 모였다. 나는 말했다.

"뭔가 대단하려니 기대를 했다가는 어쩌면 실망을 할지도 몰라요. 바윗덩어리나 점 몇 개가 뭘 그리 대단한가 실망이 될 수도 있구요. 그걸 이해하지 못하는 자신이 실망스러울 수도 있겠지요. 그러니 전혀 아무런 기대도 하지 마세요."

선입관을 버리고 자기 자신을 믿어보자는 말이다.

"자, 우선은 저기 저 바위를 한 번 천천히 바라보세요." 하고 조금 기다렸다가 물어 봤다. "무슨 생각이 드세요?"

미술관엘 가면 작품들을 그냥 쓱 훑어보기 일쑤다. 일단은 방대한 숫자에 압도되어 무엇부터 봐야 할지 모른다. 어떤 그림은 너무 잘 알고 있기 때문에 지나치고, 잘 모르는 작품은 뭔지 몰라서 휙 지나가게 된다.

나의 문우들은 새로운 마음으로 전시장 입구에 엇비슷이 하게 놓인 두 개의 바윗덩어리 앞에서 한참을 바라본다. "잘 보셨지요? 첫 느낌이 어땠는지 생각해 보세요." 했다.

한 사람이 머뭇머뭇 입을 연다. "이건 아마 남자 여자를 상징하는 게 아닐까요?" 다른 사람이 말한다. "남과 북의 대화라고 볼 수도 있겠지요." 보는 사람의 성격에 따라 묵직한 바위는 남녀의 사랑이 되고, 갈라진 한반도가 되기도 했다. 누구는 자연의 위력이라고도 했다. 다 맞는 말이다.

이런 식으로 이우환 씨의 작품을 감상하는 데에는 특별한 안내가 필요 없었다. 길게 그어진 긴 붓자국이나 톡 하니 찍힌 점 한 개가 내가 '아하.' 하는 순간에 작품으로 완성이 되기 때문이다. 나의 설명이 생략된 이우환 씨의 작품은 관람자가 들어설 공간이 넉넉하다.

매끄럽게 다듬어진 헨리 무어의 바위가 아니고 자연이 만들어 낸 그대로의 바위들. 거울을 조각내며 떨어져 내려앉은 돌멩이조차도 뭔가를 강요하지 않고 그저 자연스럽다. 동양의 철학이다.

삼삼오오 자유롭게 느낌을 주고받는 진지함에 나의 안내가 크게 틀리지 않았음을 안심했다. 예술의 에너지가 충전된 발걸음은 한여름 뜨거움도 아랑곳없이 메트로폴리탄 뮤지움으로 향했다.

조선시대 시골 아낙네 같은 분청사기들이 어마어마하게 넓은 박물관 안의 어느 작은 방에서 수더분하게 우리를 맞이했다.

모두가 긴장이 풀어지며 꾸밈없는 본연의 자세로 돌아온다.

아무렇게나 잡담을 하면서 시간을 들여다보며 가야겠다고 수선을 피고 또 그릇 앞에서 포즈 잡고 사진도 찍으며… 몇 백년 전 한국의 장인들이 이것 밖에 할일이 없어 밥 먹고 나면 빚어낸 그릇들을 슬슬 돌아보았다. 고고한 백자나 청자와는 달리 얼마든지 내 맘대로 써도 될 것 같은 우리 그릇들이다.

흙 한 줌을 적당히 손으로 빚고 심심해서 몇 개의 붓자국을 낸 분청사기와 이현령비현령 철학적 의미를 캐어내야만 할 것 같은 이우환 씨의 붓 자국이 시간과 공간을 초월해 뉴욕 한복판에서 한국이라는 테두리를 짓고 있었다. 이민자들에게는 한국의 문화 예술이 미국에 소개되었다는 그것만으로도 만족이다.

이만하면 1석 2조 뮤지움 데이는 성공이었다.

엘 그레코와의 재회

"그림 볼 줄 몰라요, 그림은 잘 모르겠어요."

자주 듣는 말이다. 나는 오히려 그림을 모른다는 말을 이해 못했다. 보기에 좋고 기분도 좋게 해주면 갖고 싶어지고 집에 걸어 놓고 싶은 것이 그림이지 그림을 아는 특별한 방법이나 법칙이 있는 것은 아니라고 생각했다.

"그림을 봤을 때 순간적으로 느껴지는 느낌, 그 느낌이 좋으면 그냥 좋아하고 싫으면 싫어하면 되는 거예요."라고 자신 있게 말해 주곤 했다. 이 자신감이 '엘 그레코'에서 흔들렸다. 그림은 알아야 볼 수 있다는 것을 알게 된 것이다.

엘 그레코 그림을 보러 '프릭 콜렉션'엘 갔다. 이 전시를 꾸민 인턴 큐레이터 박종호 씨가 한국인 미술 애호가들에게 직접 설명해주는 기회였다. 전시실에 들어서자 어느 미술관에서나 흔히 보며 지나칠 초상화가 몇 점 걸려 있었다. 박종호 씨가 한 벽에 나란히 걸린 두 점의 초상화 앞으로 안내를 한다. 하나는 당대의 유명화가 풀존의 것이고 다른 하나가 당대에는 이름이 없던 엘 그레코의 것이다.

뉴욕 타임즈에서 '갑옷을 입은 남자들: 엘 그레코와 풀존 대면하다(Men in Armor:El Greco and Pulzone Face to Face)'란 제목의 이 전시를 호평한 이유는 대중적인 인기와 영원한 예술성이 분명하게 비교가 되고 있기 때문이며, 수백 년 후 나란히 걸려 있는 두 사람의 작품이 수많은 이야기를 들려주기 때문이다.

엘 그레코는 고향 그리스(그레코)를 자기 이름으로 사용했다. 그보다 더 고향을 깊이 간직할 수가 있을까. 내 이름을 '노한국'이라고 하는 것과 마찬가지다. 사회를 지배하던 종교세력의 물결을 타지 않고 자기를 고집했던 엘 그레코의 우여곡절이 그림에서 말을 하고 있다. 지금과 뭐가 다른가.

높은 지위의 군인이었던 교황의 아들을 그린 풀존의 초상화는 사이즈부터 엘그레코의 그림보다 더 크다. 풀존은 고귀한 태생의 교만기가 있는 잘생긴 남자가 근사한 의자에 앉아 있는 모습을 세세하고 정교하게 묘사했다. 엘 그레코 작품은 그와 정반대이다. 촌부 같은 군인 아저씨가 그리다만 듯한 단순한 배경 앞에 무식하게 턱 버티고 서 있다.

성공하려고 로마로 유학을 온 엘 그레코, 그림 값을 받아

내려고 소송을 거는 엘 그레코… 박종호 씨의 설명을 들으며 지금 내 눈앞에 있는 군인아저씨의 얼굴이 현실에 반항하는 화가 엘 그레코의 얼굴로 변한다.

바로 그 엘 그레코를 만났던 적이 있다. 그러니까 이번 만남은 재회가 되는 것이다.

스페인 톨리도라는 시골 성당에서였다. 동전 떨어지는 '쨍그렁' 소리가 하늘에 들려야 천당을 간다며 헌금함을 보여주던 여행 가이드가 기다란 벽화를 가리키며 "엘 그레코는 자기를 괴롭히던 신부 얼굴을 저기 저 아래 지옥에서 신음하는 사람의 얼굴로 그렸다."고 해서 모두들 웃었다. 그림 속 수 많은 사람들의 얼굴을 따로 볼 생각은 하지도 못했었다. 사실 모든 얼굴이 다 비슷하게 보였다. 우리가 우러러 바라보는 명화들도 희로애락 갈등하는 세상에서 벗어날 수 없음을 새삼 느꼈었다.

20년 후 또 다시 엘 그레코의 그 얼굴을 본 것이다. 지위가 낮은 군인의 얼굴에 왠지 고독의 그림자가 보인다. 어쩌면 화를 품은 표정이기도 하다. 생존을 위해 싫은 사람들의 주문을 받아야만 했던 엘 그레코 자신의 얼굴일 것이다.

처음에 그렸던 칼을 지우고 다른 방향으로 다시 그렸기에, 자세히 보면, 첫 번 칼자루의 흔적이 보인다고 했다. 칼의 방향을 바꾼 이유는 뭘까. 잘 보니 그림 상단에 희미한 자국이 보인다. 아마도 근세에 들어서 더러워진 그림을 닦아내다가 물감이 좀 벗겨진 것일 거라고 한다. 지우기도 하고 지워지기도 한 명화에 친근감이 간다. "과연 군인 아저씨가 이 그림을 좋아했을까요? 보통은 실물보다 좀 잘 그려줘야 하잖아요." 마음이 풀어진 관람자들의 질문은 현실적이다. "그림 값은 받았을까요?" 벽에 걸린 400년 전 고고한 명화가 세속화된다.

인터넷으로 다시 엘 그레코 자화상을 찾아봤다. 맞다. 그의 그림마다 있던 그 얼굴이다. 아주 오래전에 관광객으로 만났던 엘 그레코를 뉴욕 시내 한복판에서 구면으로 만난 것이 예사스럽지 않다. 언제 어디서 다시 그의 그림을 보게 되면 그때 나는 그의 그림을 아주 잘 이해할 것이다.

이제부터는 '그림은 잘 모르겠다'는 사람들에게 '그림을 그린 사람을 알아야 그림을 알 수 있다'고 말해줄 것이다. 더구나 자기와 각별한 인연이라도 좀 있어야 더 잘 알 수 있다고 할 것이다. 그림 그린 사람을 잘 모르면서 그림을 아는 척할 수는 없다.

하이라인

'세상에…' 다리가 빼근할 정도로 한참 층계를 올라가니 딴 세상이다. 뉴스로 떠들썩했던 '하이라인'이다.

하이웨이에서 맨해튼 시내로 접어들면서 건물과 건물 사이를 가로지른 시커먼 육교를 가끔 바라보기는 했어도 직접 올라가 본 것은 한참 후였다.

어느 날 저녁 식사를 하고 난 후에도 해가 하늘 높이 떠있던 여름 날, '하이라인'을 보러 훌쩍 집을 나섰다. 러시아워도 지난 웨스트사이드 하이웨이는 조용했고 생각보다 빨리 도착한 맨해튼에는 평소엔 금싸라기 같은 파킹 장소도 많았다.

'아하 이거였구나.' 주홍빛이 얼룩진 하늘이 배경인 무대 위로 올라 선 듯하다. 극장에서처럼 웅성웅성 관객들의 말소리가 들린다. 아니 관객들이 아니라 무대 위에서 연기를 하는 배우들이다. 기찻길을 따라 격렬한 하루를 마감한 도시가 통째로 옮겨진 듯한 하이라인 위로 한 발을 디디는 순간에 나도 배우가 된 기분이다.

세계 각국에서 관광 온 사람들과 그들을 안내하고 있는 사람들, 어쩌다 한 번 구경 나온 사람과 심심하면 한 번씩 올라오곤 하는 사람, 우리처럼 생전 처음 와본 사람들까지 온갖 모양의 사람들이 좁다란 철로를 메우고 있다.

하이라인에서 바라다보는 건물 사이로 문득문득 드러나는 허드슨 강은 검붉은 노을 아래에서 무대 세트처럼 번쩍이고 있다. 철로 옆에 무성히 자란 잡초들은 잡초가 아니라 한 올도 흐트러짐 없이 심긴 설치 미술이었고, 매끈하게 디자인 된 벤치에는 온갖 사람들이 연극 장면처럼 앉아 있다. 공중에 만들어 놓은 산책로 정도일 줄 알았다. 그게 아니라 하이라인은 퍼포먼스의 장소이다.

뉴요커들 참 대단하다. 낡고 헌 창고와 공장들이 즐비하던 하이라인 근처는 황금의 땅이 되었다. 가난한 주민들을 쫓아내고 '센트럴 파크'를 만들어 센트럴 파크 이스트며 센트럴 파크 웨스트라는 이름으로 땅 값을 올리더니 이제는 버려진 철도를 세계적 명소가 된 공원으로 변신시켜서 부동산 시장을 하늘 높이 올려놓았다.

수십 년 전에 운송기차가 달리던 하이라인의 양쪽으로 '기찻길 옆 오막살이'는 눈을 비벼도 볼 수가 없다. 영화 웨스트

사이드의 진정한 웨스트사이드는 자취를 감추었다.

하이라인이 끝나는 34가까지 걸어갔다가 숨을 고르고는 되돌아 걸어서 아까 올라왔던 입구로 내려왔다. 모처럼 나온 김에 들를 곳이 한 군데 생각이 났다. 첼시마켓이다. 20여 년 전, 하이라인은 꿈에도 생각 못했을 시기다. 나비스코 비스켓 공장 자리에 생긴 독특하면서도 싼 물건 파는 가게들이 들어서 있던 첼시마켓을 우연히 알게 되어 서울서 친구가 오면 으레 데리고 갔던 곳이다. 거기서 산 99센트짜리 머그는 아직도 애용하고 있다.

늦은 시간인데도 와글거리는 첼시마켓 역시 완전히 달라졌다. 최고급 상점과 와인 바가 있는 또 하나의 고급 관광지가 되어있었다. 머그라도 하나 살까 들어간 가게에서 보통 때라면 절대로 사지 않았을 16달러짜리 거금의 병따개 하나를 샀다. 기분이 하이라인만큼 올라가 있었던 탓이다.

하이라인을 또 한 번 떠들썩하게 한 휘트니 뮤지움은 또 얼마나 근사할까. 열기가 사라진 후에나 한 번 가볼 생각이다. 휘트니 뮤지움을 방문할 때엔 또 뭔가 기상천외한 상황이 벌어질 것이 분명하다. 분명한 것은 놀랍도록 성공을 한 하이라인을 넘어선 휘트니일 것이다. 가장 드라마틱하게 휘트니를 느껴보기 위해 다음 번 하이라인 방문을 기약 없이 남겨둔다.

그랜마 모세즈

모세즈 할머니(Grandma Moses)는 평생을 농사꾼으로 지내고 70세가 넘어서 그림을 시작했다.

그랜마 모세즈의 그림은 차를 타고 조금만 나가면 어디에서나 볼 수 있는 미국의 시골 마을 풍경들이다. 나무며 사람이며 소나 말과 집들이 원근법을 무시한 채로 옹기종기 그려져 있다. 현대 미술에 길들여진 눈에는 이발소 그림보다 더 촌스러울 수도 있는 그의 그림은 우리 눈에 너무나 익숙하다. 특별히 겨울 풍경은 미국사람 뿐 아니라 미국 풍경을 모르는 한국 사람에게도 마찬가지이다. 크리스마스카드 그림에 많이 쓰였기 때문이다.

온 세상이 눈으로 덮인 마을에 초록색 향나무가 서 있고, 연못에서 아이들이 스케이트를 탄다. 뾰족탑 교회당 앞에 마차를 세워놓고 긴 코트에 모자를 쓴 어른들이 삼삼오오 서 있다. 차가운 겨울 풍경이지만 온기가 품어 나오는 이 그림들이 우리가 어릴 때부터 잘 알고 있는 크리스마스카드의 장면들이다. 오로지 그림을 그린 사람이 그렌마 모세즈인 줄을 몰랐다.

겨울방학이 가까울 무렵이면 연례행사처럼 문방구에 가서 크리스마스카드를 사곤 했다. 눈 덮인 전나무의 층층 선을 따라 반짝이가 붙어 있어서 더욱 동화 같은 그림들을 하나하나 보면서 무엇을 고를까 고민한다. 오색찬란한 장식이 달린 크리스마스트리 아래 선물 꾸러미가 쌓이고 양말들이 걸린 벽난로가 있는 집은 어떤 집들일까. 크리스마스카드야말로 머나먼 서양의 나라를 동경하게 해준 장본인이 아닐까.

내 집 앞에 서 있는 전나무에 수북이 쌓여 있던 눈이 녹아내릴 때면 카드의 은빛 반짝이가 따로 없다. 그랜마 모세즈를 알고부터는 유난히 그의 그림을 좋아하게 되었다. 가끔 뉴욕 인근의 시골에만 가도 그랜마 모세즈의 그림이 떠오른다. 인터넷에 올라있는 그랜마 모세즈의 크리스마스카드 그림과 같은 작품을 보면 예수님이 누군지도 모르면서 공연히 크리스마스 때면 징글벨 소리에 기분이 붕 뜨던 내 어린 시절 손을 호호 불던 겨울에 머물게 된다.

춘하추동 연두색, 초록색, 주홍색, 하얀색으로 바뀌는 푸근한 마을 풍경을 보면 누가 뭐래도 도시를 좋아하는 나지만 모든 것 다 놔두고 시골에 가서 살고파진다. 아이들은 뛰어 놀고 송아지가 풀을 뜯고 오리들이 줄 지어 걸어가고 있다. 훨훨 타는 장작더미 위에 걸린 무쇠솥에서는 김이 솟아오르고 아낙네들이 막 구워낸 파이와 시원한 아이스티가 입맛을 당긴다. 순리를 따라 자연과 함께하는 삶, 평화 그 자체다.

1860년 뉴욕 업스테이트에서 태어난 모세즈 할머니는 한농기에는 뜨개질과 퀼트를 했는데, 나이 들어 손에 관절염이 생겨서 할 수 없이 그림을 그리기 시작했단다. 동네 구멍가게에 걸어놨던 그랜마 모세즈의 그림이 지나가던 뉴요커 눈에 띄어 현대미술관 모마(MoMa)에서 전시가 되었으며 홀 마크 카드가 되어 전 세계로 퍼지며 대한민국 서울 한구석 문방구까지 날아간 신데렐라가 된 것이다.

2달러씩 팔렸던 그랜마 모세즈의 그림은 지금 100만 달라가 넘는다. 온 인생을 그림에 건 화가하고는 거리가 아주 먼 시골 할머니가 뉴욕 갤러리의 높은 문지방을 껑충 뛰어 넘고 세계적인 화가가 되어 거의 100살이 되도록 화가로서의 삶을 향유했다.

가끔씩 뉴욕 근교 상점엘 들러 아마추어가 그린 그림이 걸려 있으면 마음에 드는 것을 한두 점 사기도 한다. 물론 무척 싸다. 누가 알랴. 로또 당첨처럼 언젠가 비싼 예술작품이 될는지.

누가 알랴. 내가 만약 그랜마 모세즈처럼 그림을 그린다면, 성공한 화가로서 지낼 시간이 넉넉히 남아 있을는지.

그림 그리기

가장 오래된 기억 중에 하나가 누런 전등 아래서 누런 시험지에다 그림을 그리던 일이다. 학교 들어가기 전이다. 어머니는 아예 시험지 한 뭉치를 상 위에 놔두셨다. '여기다 그려라.'였다. 아니면, 어머니의 오래된 스케치북 페이지마다 내가 그림을 그리기 때문이었다. 나는 참으로 그림 그리기를 좋아했다.

어머니의 스케치북이 내게는 재미있는 그림책이었다. 장마다 몇 줄 글과 함께 수채화가 그려져 있다. 볼에는 옅은 붉은 기가 돌고 어깨가 반듯한 자줏빛 재킷을 입은 여자가 서 있는 그림 옆에 위에서 아래로 '까마귀가 아옥 아옥'이란 글자가 써 있다. 까마귀는 그려져 있지 않았지만 아옥 아옥이란 말이 좋았었다. 우리 집안의 역사적 자료가 될 귀한 스케치북 빈자리마다 나는 크레용으로 마구마구 그림을 그렸다. 어두워지면

나가 놀지도 못하고 그저 그림을 그린 것이다.

초등학교 미술 시간에 반 아이 한 명이 뽑혀 칠판 앞에 서 있고 학생들은 그 애를 그렸다. 선생님은 내 그림을 높이 들어 애들에게 보여 주셨다. 나도 내가 그린 여자애가 실물과 비슷해서 놀랐다. 그 애가 입었던 병아리색 스웨터를 노란색에 흰색을 섞어 나타냈었다.

교과서 여백이나 노트북은 그림으로 채워진다. 여학교 때엔 아예 노트장에 네모 칸을 치고 만화도 그렸다. 쉬는 시간이 되면 수업시간 동안 몰래 그린 스토리가 어떻게 되었나 친구들이 내 자리로 몰려들었다. 다음 스토리를 주문하는 애도 있다. 어릴 때부터 미술대회에 나가 입선과 가작을 했고, 여학교 내내 미화부장을 했다. 미술대학에 갈 수밖에 없었다. 다른 공부는 못했으니 다른 길은 없었다.

그런데 지금은 그림을 안 그린다. 그림 전시회를 취재 다니고 화가들을 만나며 늘 그림과 가까이 살고 있지만 우리 집 벽에는 내가 그린 그림은 걸려있지 않다. 미술대학을 다녔고 미술을 가르쳤으며 또한 뉴욕에 와서도 몇 달간은 그림 학교를 다닌 내가 왜 그림을 안 그릴까? 그림을 못 그리는 이유가 뭘까. 왜 이렇게 되었을까.

사실은 대학 들어갈 때부터 그림하고는 1도씩 방향이 틀어진 것 같다. 실력이 좀 모자라지만 등록금이 싸고 이름도 좋은 서울대학을 가려고 그림 그리기를 좋아하면서도 가장 경쟁률이 약한 조각과를 지망했었다. 그러나 막상 2차 대학을 가게 되니까, 이제는 경쟁률이 제일 높은 응용미술과를 선택했다. 상업적 그림에는 취미가 없었는데도 취직이 잘된다고 해서였다.

대학 1학년 데생 시간에 교수님이 하신 말씀 "네 그림은 르노와르 같다."에 우쭐했던 기분이 아직도 그대로 남아 있다. 돈이나 명예를 생각지 말고 그냥 내가 그리고 싶은 그림을 그렸어야 했었나 보다.

졸업하기도 전에 조경(landscape)회사에 디자이너로 취직하게 되니 그림은 밀어 놓고 환경기사자격증을 따고 내친 김에 환경디자인 대학원까지 다녔다. 그리고는 지방에 있는 대학의 공예과 교수가 되어 동료 교수들과 도자기를 만들며 시골로 여행 다니느라 유수 같은 세월을 보냈다. 뉴욕에 오자마자 몇 장의 그림을 그리긴 했지만 결혼과 함께 또 다시 그림은 내 인생에서 사라지고 말았다.

이제 그림으로 마음이 간다.

뭐든지 그리고 싶다. 뭐든지 다 잘 그릴 것 같다. 이제 그림을 다시 시작해볼까.

악보를 익혀야하는 악기 연주와는 다르다. 언제든지 시작하면 되는데, 하얀 공백 위에 무엇이든지 내 맘대로 그리면 되는데 왜 시작을 못하고 있지? 혹시 잘 그릴 자신이 없어서? 언제건 맘이 내킬 때 그리면 된다는 자만심 때문일까. 아니, 역시 게으름이다. 그것 밖에는 이유가 없다.

나의 후손들이 우리 집의 역사라면서 간직할 수 있는 그림을 그려야겠다.

어릴 때처럼, 밥 먹고 나서 할 일이 없어서 그림만 그릴 때가 다가오는 가보다. 그림을 그리고 싶은 마음이 슬슬 일어난다.

발길 따라서

'발길 따라서 가다가 바닷가 마을 지날 때 착한 마음씨의 사람들과 밤새워 얘기하리라…' 대학 때 친하게 지내던 가수 이광조의 데뷔곡 '나들이'의 노랫말처럼 발길 따라 먼 나라 유럽을 다녀왔다.

매일 매일 해야 할 일도 제대로 다 못하면서 이렇게 방랑객처럼 길을 떠날 수 있었던 것은 그만큼 오랜 세월 쌓여진 여행에의 갈망이 더 이상 숨을 참지 못했던 때문이리라.

방학이면 항상 인천 해수욕장, 설악산, 온양온천이며 하다못해 친구네 과수원에 가서 며칠씩 놀다 오곤 했다. 회사를 다닐 때에도 끄떡하면 지방 출장을 가던 나에게 어머니는 "넌 참 잘도 다닌다. 난 여행이라고는 피난 밖에 못 가봤는데." 하셨다.

그러다가 아주 긴 여행이 된 미국으로 오고 말았다.

낯선 곳엘 가보는 것하고 낯선 곳에서 사는 것하고는 천지

차이가 있음을 알았다. 젊은 시절 막연히 동경하던 미국이 치열한 삶의 장소가 되었고, 여행이라는 마음의 사치는 사라져 버렸다. 가끔씩 온 식구가 여행을 다니긴 했어도 살림을 객지로 옮겨 가는 일이었다.

한참을 살고 둘러보니 남들은 여행을 많이도 다니고 있었다. 세계 구석구석을 안 가본 곳이 없는 것 같았다. 나는 뭘 했나. 내가 늘 마음속에 그리고 있는 유럽도 그들은 벌써 오래전에 다녀오고 나서 이제는 다시 동유럽이다 북유럽이다 나누어서 샅샅이 다녀들 온다. 대부분이 단체 여행들이다. 여행사들이 한국 신문에 전면 광고를 하는 이유를 알 것 같다. 그러나 왠지 나는 어릴 때부터 상상하던 멀고 먼 나라의 이미지를 수학여행처럼 다니면서 깨고 싶지는 않았다. '그리고 아무 말도 하지 않았다.' 와 함께 여학생인 내게 환상의 세계로 다가왔던 유럽이다. 전혜린이란 이름만으로도 지성과 열정이란 단어가 연결되지만, 내가 그에게서 얻은 것은 정열도 학구열도 아니었고 그저 유럽이라는 나라에 나도 한 번 가보고 싶은 동경심이었다.

소설 속에서 읽은 비현실 세계가 아니라 나와 같은 한국의 젊은 여자가 직접 온몸으로 경험해낸 곳이다. 담배연기 자욱한 카페, 그곳에 모인 베레모 쓴 아티스트들, 중세의 낡은 건물들이 줄지은 거리. 짙은 회색빛 음울함으로 써내려간 전혜린의 글 속에서 나는 오로지 유럽의 예술적인 낭만만을 집어내었다.

아주 오래전 친구 원숙이랑 처음으로 유럽엘 가보았다. 먼 친척이 유학하고 있던 비엔나로 가서 그 다음부턴 기차로 파리와 스페인, 포르투갈을 구경했다. 우리는 온갖 실수를 저지르며 모차르트의 무덤을 찾아갔고 지도 한 장 들고 피카소의 집을 찾느라 파리의 뒷골목을 헤매었다. 바르셀로나 식당에서는 남이 먹는 것을 손으로 가리켜 시키기도 했다. 전기난로를 켜놓았던 리스본의 어느 가난한 뮤지움, 메트로를 타고 간 파리 근교 벼룩시장에서 레이스며 작은 물병 등을 산 일들이 전리품처럼 기억의 창고에 저장되었다. 그 후 몇 번 업무상 유럽에 다녀온 적이 있지만, 모두 빠듯한 여정이었다.

이국적인 분위기 속에 파묻힐 수 있는 여행을 해보고 싶었지만 막막했다. 나이 드신 어머니를 보러 한국엘 자주 가게 되니까 남편을 홀로 두고 놀러 다니기가 어려웠다. 그러던 차에 오랜 지기 보김 씨의 느닷없는 여행 제안에는 버텨낼 재간이 없었다.

이렇게 떠나는 길은 어디라도 좋았다. 이번에도 보김 씨가 알고 있는 유학생도 볼 겸 영국 버밍햄으로 가는 길에 이스탄불을 들르고 스코틀랜드를 다니자고 했다.

영국에서는 셋이서 1주일 동안 자유롭게 차로 돌아다녔다. 그중에 하루는 나 혼자서 계획에 없던 런던엘 다녀왔다.

런던 고속버스터미널에 내려 지도 한 장을 들고 용감하게 빅토리아 거리로 나섰다.

소멸해가던 젊음이 살아났다. 아무런 관광 명소도 찾아보지 않고 곧장 테임즈강을 건너 '테이트 모던'을 향해 걸었다.

테임즈 강변 헌책 노점상에서 책들을 들춰보고, 친구가 싸준 샌드위치를 꺼내 먹고 또 한참을 걸어 목적지에 도달했다. 아 여기구나! 감격에 겨워서 입구를 찾아 이리저리 헤맨 것도 하나의 여행 일정 같았다. 테이트에 대한 이야기가 나올 때마다 궁금했던 현대 미술의 높은 성곽 '테이트 모던'의 진미는 잠깐 사이에도 충분히 전해왔다. 런던에서는 더 이상 바랄 것이 없었다.

고속버스터미널로 돌아가는 택시 안에서 내다보이는 화려한 궁전을 운전사에게 물어보니까 무뚝뚝하게 '버킹검 팰러스'라고 했다. 빨간 모자를 쓴 군인들이 교대하는 장면을 보진 못했지만 이 또한 전리품이다.

어둑어둑해진 버밍햄 버스터미널에 도착해서는 아침과는 반대 방향으로 마을버스를 타고 150년 된 하숙집으로 돌아왔다. 친구가 특별히 만든 두툼한 햄과 라면 정식에 와인까지 곁들인 진수성찬에 느슨히 피곤이 몰려들었다.

'뭐니 뭐니 해도 다 당신 덕이야.' 뉴욕으로 돌아오는 날, 남편에게 텍스트 메시지를 보냈다. 케네디 공항에서 웃는 얼굴로 반겨주는 남편과 식당에서 가서, 뭐 먹을까 이거 먹을까 저거 먹을까 스트레스를 쌓는 일상을 기분 좋게 시작했다.

그야말로 발 가는 대로 구름에 달 가듯이 한 여행이었다. '가다가다가 지치면 다시 돌아오리라. 웃는 얼굴로 반겨주는 그대의 정든 품으로…' 노래 가사는 이렇게 끝을 맺는다.

무소부재 GPS 여행

오직 GPS(Global Positioning System) 하나 믿고 생전 처음 가보는 곳을 자유자재로 다니고 왔다. 주소만 들고 GPS가 하라는 대로만 하면 되었다. 혹시 길을 놓쳐도 GPS는 전혀 신경질을 내지 않고 돌아가는 길을 친절하게 안내해 주었다.

보김 씨가 "스코틀랜드를 차로 다닐 건데요." 하자마자 '좋아요' 하고 훌쩍 떠난 길이었다.

공항에서 차를 빌릴 때 GPS를 같이 빌렸다. 렌터카 픽업장을 슬슬 한 바퀴를 돌고 나서, 일본에서 살기도 했고 유럽에서 자동차 여행을 해봤던 보김 씨는 쌩하니 주차장을 나온다. 나는 아슬아슬한 마음으로 GPS판을 들여다보고 안내자의 목소리를 들으며 밖을 내다보며 숨을 죽인다. 그것도 잠시, 영국 악센트의 허스키한 여자 목소리가 서서히 자연스러워지면서 바깥경치까지 감상하다 보니 어느새 차가 버밍햄 시내로 들어선다.

여행이 이렇게 쉬워진 것에 감탄을 하면서도 왠지 뭔가가 빠진 듯한 기분이었다. 지도를 살펴보며 골똘히 계획을 세우고 그래도 몇 번씩은 길을 놓치다가 결국 제대로 목적지에 찾아갔을 때 맛보는 성취감과 감격 같은 것. 미지의 세상을 찾아가면서 내가 한 일이 하나도 없다는 허무감인가.

예전에는 어디를 가더라도 먼저 지도를 펼쳐놓고 몇 번째 Exit인가를 체크하고 좌회전이냐 우회전이냐를 미리미리 찾아 자세히 적어놓은 약도를 지도와 함께 신주단지 모시듯 챙겼다. 애들 싣고 중간에 하루 자면서 디즈니랜드엘 다녀올 때에도 운전하는 남편 옆에서 길잡이 노릇을 훌륭하게 해내곤 했다.

이제는 스마트폰 하나면 아무런 준비가 필요 없다. 내가 하는 일은 스마트폰 GPS에 주소를 입력하는 것뿐이다.

처음 GPS라는 것이 생겼을 때는 도무지 GPS가 하는 말을 믿질 못했다. 뻔히 알고 있는 길인데 딴 소리를 하니까 처음 가는 길도 GPS가 가라고 하는 대로 갈까 말까 망설이곤 했다. 실제로 엉뚱하게 막아 놓은 길로 안내를 하기도 했고, 어느 곳에서는 GPS가 터지지 않아 도로 중간에서 곤란을 겪기도 했다. 그러나 지금은 어느 지점에 교통이 막히고 있는지까지 분초 단위로 알려주는 GPS는 무소부재 전지전능한 없어서는 안 될 존재가 되어있다.

최근 뉴욕 시내의 택시 운전사들의 GPS사용이 사회적 이슈로 떠오르고 있다. 뉴욕시내 곳곳에 대해 알아야 하는 까다로운 자격시험이 GPS로 인해 없어졌기 때문에, 손님이 '래디오 시티 뮤직홀로 갑시다.' 하면 운전사들이 '래디오 시티 뮤직홀'이 어디 있는지를 잘 모른다는 것이다. 그러나 사실 이것도 큰 문제는 아니다. 대부분의 손님들도 스마트폰을 들고 있어 운전사에게만 의존하지 않아도 되기 때문이다. 앞으로는 택시라는 단어 자체가 스마트폰으로 운영되는 우버(Uber)에 완전히 밀려날 날도 머지않은 듯하다.

사람들은 애써 생각하고 외우고 경험으로 익히는 일을 하지 않아도 된다. 러시아워에 손을 흔들며 택시 잡다가 서로 싸우는 일도 없어진다. 바로 그것이다. 뭔가가 아쉽다는 것이. 세상과 인간이 얽히는 정서의 결핍이다. 일주일 내내 쌩쌩거리며 운전을 한 보김 씨도 '사실 이렇게 GPS만 매달려 가다 보면 우리가 지금 어디를 가고 있는지를 모른다.'며 때때로 지도를 펼쳐 보곤 했다.

제2차 세계대전 당시 영국에서 군사용으로 사용하기 시작했다는 '라디오 내비게이션 시스템'이 오늘 내가 일거수일투족을 맞기고 있는 GPS의 시조라고 한다. 1957년 러시아의 스포트니크 인공위성에 이어서 1960년에 미국이 첫 항해 위성 시스템(Satellite Navigation System)을 실시한 것이 GPS의 짧은 역사다. 처음엔 걸어만 다니다가 몇 십 억 만년 후에 바퀴를 만든 인류의 끄트머리가 참으로 놀랍기만 하다.

버밍햄을 떠나 요크, 스카보로우, 에딘버러, 글라스고우. 또 레이크 디스트릭의 호수를 따라가는 산길과 리버풀 어느 낯선 골목길도 아무 걱정이 없다. 폴 매카트니가 살던 집 주소를 입력하고 퇴근시간으로 번잡한 도심을 벗어나 그야말로 매일 다니던 길을 가듯이 운전해 갔다. 아무런 특징도 없는 동네로 요리저리 접어들어 가서는 한 블록 전체에 나란히 선 연립주택 중 한 집 앞에서 GPS는 당연하다는 듯이 '유어 데시트네이션 이즈 언더 래프트(Your Sedtination is on the left)'라고 알려준다.

'인 파이브 한드래드 야아드, 베어 레프트. 인 원 한드래드 야아드, 테이크 어 로타리, 댄 턴 엣더 세컨드 엑시트(In 300 yard bear left. In 100 yard take a rotary, turn at the second exit.) 하던 참을성 있는 영국식 발음의 여자 목소리가 어둑해지는 스카트랜드의 경치와 함께 아직도 귀에 맴돈다.

아무리 GPS가 있다 해도 피곤하지 않을 리가 만무인데도 아무런 티를 안내던 보김 씨가 언제 또 '가실래요?' 하기만을 기다리고 있다.

뮤지움 어브 이노선스

빠듯한 2박 3일 이스탄불 여정에 '뮤지움 어브 이노선스(Museum of Innocence)'를 포함시켰다. '뮤지움 어브 이노선스'는 말 그대로 뮤지움이기도 하지만 터키 소설의 제목이다. 작가 오르한 파묵은 자신의 소설 속에 쓰여진 온갖 생활 용품들을 모아 미술관을 만들었다. 한마디로 '뮤지움 어브 이노선스'라는 제목의 소설에 나오는 '뮤지움 어브 이노선스'를 나중에 소설가 자신이 현실 세계에 세운 소설 뮤지움이다. 기발하다.

웹 사이트를 보니 이 책을 갖고오면 무료입장이라고 했다. 입장료를 내고 짐을 덜어 볼까도 했지만 책값과 입장료가 비슷하다고 보김 씨가 급히 책 두 권을 샀다. 그러나 여행 전에 이 책을 읽어볼 겨를이 없었다.

이스탄불 여행을 결정하고 나서 오르한 파묵이 쓴 『이스탄불』이라는 책을 샀다. 약속과 약속 사이 남는 시간에 들른 콜롬비아 대학 앞 아주 작은 책방 책장에 『이스탄불』이라는 책이 앞을 보고 놓여있었다. 집어 들고 보니 오르한 파묵이다. '우연의 일치'다. 한 번도 이스탄불을 떠나본 적이 없다는 노벨상 받은 작가가 쓴 '이스탄불'이니 얼마나 잘 썼을까 했다. 작가의 어린 시절 할아버지, 할머니, 삼촌, 고모들과 함께 살던 4층 집을 세세하게 묘사하며 이스탄불의 분위기를 보여주는 책이었다. 책 앞부분에 할머니가 쓰던 방을 '뮤지움'같다고 한 대목이 있다. 그릇장이며 탁자 위의 물건들이 남에게 보일려고 놓여져 있다는 점을 간파한 오르한 파묵이었다. 이 책을 읽을 때는 '뮤지움 어브 이노선스'에 대해서는 전혀 모르고 있었다. 떠나기 며칠 전에 원숙이가 한 번 가보라고 추천을 해준 것이다.

'뮤지움 어브 이노선스'가 저녁 8시까지 오픈을 했던 것은 행운이었다. 궁전과 신전과 몇 백 년 된 거리들이 있는 올드타운에서 보스포로스 강을 건너가니 마치 명륜동이나 삼청동 같은 오래된 부촌이었다. 좁다란 언덕길에 다닥다닥 붙은 3, 4층 건물 중에 아무 특징도 없이 끼어 있는 '뮤지움 어브 이노선스'를 처음엔 그냥 지나치고 말았다. 어둠이 깔리는 골목길에서 엽서만한 간판이 겨우 눈에 띄었다.

우리는 책 뒷장을 펼쳐 입장허가 도장을 받았다. 소설 주인공 남자의 실제 인물이 살던 집이라고 했다. 그와 그의 애인이 피운 담배꽁초 수천 개가 마치 컨템포러리 아트처럼 뮤지움 1층 벽 한 면을 채우고 있다. 립스틱이 묻어 있는 담배꽁초가 안타깝고 처절한 사랑을 암시해주는 듯했다.

층마다 1970년대 터키 중산층의 생활상이 고스란히 담겨 있다. 여느 그릇장과 다를 바 없는 호마이카 그릇장 안에 찻잔, 접시, 핸드백, 안경, 인형, 시계, 낡은 사진과 신문 조각, 통조림 통, 포도주 병, 구두와 여행가방, 브로치, 반지가 전시되어 있었다. 뮤지움에 전시될 물건들이 아니다. 소설의 장면에 맞추어 미니어처 가로등과 건물로 거리를 묘사해 놓기도 한 철저하고 꼼꼼한 작가의 손길이 구석구석 배어 있었다.

이스탄불의 특미라는 애플 티(Apple Tea) 유리잔이 여러 곳에 놓여 있다. 우리도 토카피 궁전 카페에서 애플 티를 맛보았던 터라 오르한 파묵이 전시해 놓은 애플 티잔에 눈이 갔다. 아마도 남녀 주인공이 애플 티를 마시는 장면이 많이 나오는 모양이다. 한 젊은 여자가 층층마다 열심히 관찰하며 노트를 하고 있었다. 분명 문학도이다.

뮤지움 어브 이노선스를 나와 조그마한 가게들을 기웃거렸다. 갈라타 전망대에서 바라본 오색으로 불을 밝힌 성전들이 관광객을 현혹시키는 올드 이스탄불과는 달리 이곳은 다소 70년대 서울의 밤을 연상시켜주는 낡은 도시이다. 책을 읽지는 않았어도 분명 이루어지지 않았을 올드 패션의 사랑이야기에 취한 듯 호텔에 돌아와서도 멜랑콜리한 기분으로 이스탄불의 밤을 지새웠다.

미리 소설을 읽었어야만 했다. 그래야 작가가 심혈을 기울여 수집해놓은 온갖 물건들에서 실감을 느끼며 절실한 마음으로 현장감 있게 소설을 즐겼을 것인데. 사실, 그 반대의 경우도 나쁘지는 않다. 뒤늦게 소설을 읽으면서 한 부자 남자와 가난한 가게 점원 여자의 연애 이야기의 장면 장면이 이스탄불과 함께 실감나게 그려질 테니까.

언제건 '뮤지움 오브 이노선스'의 연애 이야기를 읽으면서 대학교 1학년 여름방학 때 코리아나 백화점에서 아르바이트 하던 70년대, 밤늦도록 맥주 마시며 음악감상실 드나들던 명동 뒷골목을 상기해 보리라. 그리고 내게도 아마 분명히 있었을, 이루어지지 않고 지나가 버린 연애이야기를 되새겨보리라.

초원의 빛이여

'못 보면 말지. 겉에서 보는 것만으로도 만족이다.'

나는 속으로 생각하고 있었다. 5시에 문을 닿는다는 걸 알면서도 무조건 차를 달렸다고 보김 씨가 후에 말했다. 잘하면 아슬아슬하게라도 도착할 수 있었기 때문이었단다.

산등성을 병풍처럼 두르고 끝없이 이어지는 호수를 따라 구불구불한 도로를 달릴 때에는 어느새 날이 저물고 있었다. 앞자리 성희 씨도 말이 없다.

윌리암 워즈워드 하우스를 향해 시간을 넉넉히 잡고 떠난 길에서 예상 밖의 일이 벌어졌다. 글라스고우에서 레이크 디스트릭트로 가는 하이웨이 양쪽 어디에나 양들의 모습이 보인다. 양모가 유명한 것도 양고기(Lamb)요리가 흔한 것도 이해가 되었다. 양떼의 모습을 사진에 담아 보려고 애쓰다가 '차를 잠깐만 멈추면, 사진을 잘 찍을 수 있을 텐데.'라고 말하자마자, 보김 씨는 하이웨이 옆에 난 작은 오솔길로 차를 90도 돌려 들어선다. 아무 곳에서나 멈출 수 있는 자동차 여행의 맛이다.

양쪽으로 돌담이 둘러친 좁다란 흙길에는 두 줄기로 차가 지나간 자리가 나 있다. 풀밭에 머리를 숙이고 있던 양 몇 마리가 우리를 향해 모여 든다. 작은 솜뭉치가 흩어져 있는 것처럼 보이던 양 얼굴에 '놀라움'의 표정이 역력하다. 우리는 신이 났다.

울퉁불퉁 흙길을 얼마나 들어갔을까. 바라만 보던 스카트랜드 초원이 바로 눈앞에 있다. 둘러봐도 사방천지에 아무런 인적도 없었다. 차에서 내리면서 우린 구름 사이로 햇빛이 쏟아져 내리는 광활한 풍경 속으로 파묻혔다. 그야말로 원시의 정기가 가득한 대자연이다. 짙푸른 대지 위에서 공연히 껑충껑충 뛰면서 두 손을 벌리고 "야아~" 소리도 질러본다.

'이럴 때가 아니지. 어서 가야지.' 차에 올랐다. 얼굴에서 웃음이 가라앉기 전이었다. 부르릉~ 차바퀴가 헛돈다. 차를 뒤로 뺏다가 다시 좁다란 길목까지 오자 바퀴가 더 깊숙이 진흙에 빠졌다.

두 사람은 차에서 무거운 짐을 들고 내렸다. 차가 원을 그리며 한 바퀴를 돌아 달려오는 힘으로 진흙을 넘어보려다가 또 빠져 버린다. 질퍽한 땅 위에 돌멩이를 날라다 깔았다. 그래도 안 된다. 차의 방향을 바꾸어 더 크게 돌아서 달려와도 바퀴는 진흙을 튀기며 헛돌기만 한다.

몇 번 더 시도해보고 안 되면 경찰을 부르자. 남의 초원에 차를 몰고 들어온 벌을 받아야겠지. 토잉카가 좁은 오솔길을 들어올 수 없을 텐데. 차는 두고 우리만 싣고 갈 것인가.

차바퀴가 빠지는 자리에 마구 돌멩이를 던져 놓으면서 최악의 시나리오를 써본다. 보김 씨의 담담한 얼굴에서 일말의 희망도 붙잡는다.

차를 다시 초원 가운데로 몰고 갔다가 빙 돌아 오솔길 앞까지 와서 또 다시 바퀴가 빠진 자리에서 보김 씨가 말한다. '앞 바퀴 앞에다 돌멩이를 더 놓으세요.' 부랴부랴 돌멩이들을 바퀴 앞에다 갖다 놓았다. 이번엔 차를 조금만 뒤로 뺐다가 급히 돌진해오자 바퀴가 덜컹하고 돌멩이 위로 올라섰다. 차는 그 힘으로 오솔길로 전진을 하고 우리는 허겁지겁 짐을 들고 차를 쫓아갔다. 양쪽 돌담에 스치지 않도록 차가 살살 빠져 나와 하이웨이로 들어서고 나서야 동시에 '세상에!'를 외쳤다. 그리고는 모두 환성을 지르며 한바탕 웃었다.

"천천히 가요. 윌리암 워즈워드 안 봐도 되요. 우리가 살아난 것만 해도…."

중학교 때 노트북에다 유명한 시인들의 시를 적어놓고 그 옆에 예쁜 그림을 그려 놓았었다. 시를 음미하기보다는 시와 어울리는 찻잔이나 꽃, 가로등, 소녀 같은 그림을 그리던 재미였으리라. 그때 분명 윌리암 워즈워드의 시도 있었겠지만 그의 시를 제대로 감상해본 적은 없었다.

어둑해지는 호숫가 마을에는 비까지 뿌린다. 차에서 내리기가 무섭게 창문으로 불빛이 비치는 자그마한 건물로 뛰어들었다. "쏘리. 위 클로즈드 파이브 미니츠 어고." 당연히 들을 말이었다. 젊은 남자 직원은 세 명의 아시안 여자들에게서 절망의 빛을 보고는 뒷방 매니저에게 물어보러 갔다 오더니 "오케이 20분 만입니다. 이 표는 내일 와서 또 써도 됩니다." 신사적이다.

우리는 서둘러 바로 옆 오막살이 같은 집으로 갔다. 위대한 시인의 흔적을 20분 안에 소화시킨다는 것은 말도 안 된다. 입구에 안내원이 지키고 서 있는 가운데 어두컴컴한 집 안을 둘러보고 왠지 허탈하게 나서는데, 한 여자가 테이블 위에 촛불을 키고 있었다. 방 안에는 의자 몇 개가 둥그렇게 놓여 있었다. 물어보니 저녁 6시부터 이 동네 사람들이 모여 워즈워드 시낭송회를 한다고 했다. 한 달에 한 번 씩 있는 모임이란다.

200년 전 그때 시인이 앉았던 바로 그 자리에서 그 시인의 시를 낭송하는 사람들. 전혀 뜯어 고치고 바꾸고 없애고 덧붙이지 않은 채로 시인의 삶이 그대로 이어지고 있는 살아 있는 현장이었다. 바로 이것이 워즈워드의 흔적이었다.

어둠이 깔리면서 더욱 적막해지는 돌길을 걸었다. 진흙탕에 빠져 난감했던 순간도 양들의 놀란 얼굴도 오로지 찬란한 초원의 빛으로 남는다. 워즈워드가 글을 쓰던 곳에 살짝 들러본 것만으로도 내 마음 속에 낭만의 촛불이 켜졌는가. 언뜻 얼굴에 닿는 차가운 비가 싫지 않았다. 고색의 돌집들 저 너머로 산이 가까이 서 있다. 보이지는 않지만 산 아랫길 따라 그림 같은 호수가 있는 것을 안다.

다시 가볼 수는 없을지라도 시인을 찾아가던 그 길은 마음 속에 길게 새겨질 것이다.

토마토 쳐트니(chutney)

토마토 쳐트니를 만들면서 얼마 전 다녀온 영국 여행을 연장시키고 있다.

토마토 6개, 양파 3개, 사과 2개 그리고 빨간 피만 반 개를 자잘하게 썬다. 할라피뇨도 한 개 다졌다. 티백으로 사용하는 종이 봉지에 온갖 향신료를 담는다. 겨자 씨, 코리앤더 씨드, 쿠민 씨드, 알스베리 같은 향료를(티스푼 한 개, 티스푼 반 개) 정확하게 양을 맞추고 계피와 생강, 베이 잎사귀도 준비한다.

여행에서 돌아오고 나서도 얼마 동안은 여행지를 다시 인터넷으로 찾아보며 후속 여행의 맛을 본다. 그러나 오래도록 생생한 여행의 참 맛은 음식이다. 여행 중에 먹었던 음식을 집에 와서도 해먹으면서 두고두고 여행을 음미하는 것이다. 사연과 함께 말이다.

오래전, 비엔나의 어느 생음악 레스토랑에서 먹었던 사워크

라우트와 소시지를 푹푹 삶은 요리를 집에 와서도 한동안 해 먹었다. 지금도 소시지 요리를 볼 때마다 88올림픽 노래 '손에 손잡고'를 연주하던 비엔나 레스토랑이 떠오르며 생전 처음 가본 유럽에서 상기되었던 기분을 기억한다.

그 후 볼로냐에 갔을 때 200년 된 집에 살던 친구 동생이 만들어 줬던 '로즈메리 치킨'은 하도 자주 만들어서 애들이 '엄마의 악명 높은 로즈메리 치킨(Mom's notorious rosemary chicken)'이란 이름을 붙여주었다.

이번 영국 여행에서 얻은 맛은 단연 토마토 쳐트니다. 스카트랜드 하이웨이를 달리면서 배가 출출하면 차 속에서 미리 준비해온 식량 봉투에서 빵을 꺼내고 작은 병에 든 토마토 쳐트니를 바르고 치즈와 오이를 껴서 먹곤 했다. 성희 씨의 하숙집 주인 여자에게서 배운 영국식 샌드위치다.

그보다 정작 내가 이 쳐트니에 반한 것은 혼자서 버스를 타고 런던에 갔을 때였다. 성희 씨가 아침 일찍 일어나, 런던 시내에서는 먹을 것도 마땅치 않을 것이고 또 값도 비싸다면서 토마토 쳐트니를 바른 샌드위치를 싸줬다. 런던 고속버스 터미널에 내려 지도를 보며 곧바로 '테이트 모던(Tate Modern)' 뮤지움을 향해 걸었다. 그 유명한 건물들을 겉만 보며 걷다 보니 빅 밴과 함께 테임즈 강이 나타날 무렵 배가 고팠다. 웨스트 민스터 사원 앞이었다. 비둘기가 땅 바닥에서 먹이를 쪼고 있는 노천 상점 앞에 앉았다.

두툼한 샌드위치를 꺼내 한 입 베어 문다. 입안에 가득 차는 샌드위치에 눈이 지긋이 감기며 'Ah~ Heavenly' 하는 영어 감탄사가 저절로 나왔다. 달콤 매콤한 쳐트니가 진정한 행복을 맛보게 해준 것이다.

아마도 나의 허기진 배와 수백 년 역사의 향기가 토마토 쳐트니 샌드위치의 맛을 '해븐리' 하게 해주었는지도 모른다. 관광객으로 붐비는 웨스트 민스터 사원 앞을 걸어가면서, 집에 가서 만들어야지, 단단히 결심을 한다.

영국 하숙집 아줌마의 토마토 쳐트니는 알고 보니 그 옛날 인도에 가 있던 영국 사람들이 인도의 전통 음식인 쳐트니를 영국식으로 개발한 것이었다. 그들도 나처럼 외국에서 먹은 음식을 돌아와서도 만들어 먹었다. 서서히 인도의 맛이 영국 입맛으로 변형이 된 것이다.

"설탕은 꼭 브라운 슈거를 쓰세요."

성희 씨의 말을 따른다. 마른 크랜베리도 좀 넣었다. 커다란 냄비에서 부글부글 황홀하게 혼합된 향내를 뿜으며 걸쭉해진 쳐트니를 빵 조각에 찍어 맛보니 바로 그 맛이다. 테임즈 강변에서 먹었던 그 맛이다. 아니 그때보다 더 짙은 향내가 풍기는 것이 바로 일품이다.

내 눈앞의 테임즈 강이 현실인가 하면서 영화 '브리짓 죤스의 다이어리'의 르네 질웨거처럼 런던 브릿지를 활기차게 걸었던 런던, 뎅뎅 종소리 울리던 진짜 런던 거리가 내가 만든 쳐트니 안에 저장되어 있다가 한 입 한 입 살아날 것이다.

셰익스피어 생가 앞 찻집에서 차 대신 마신 블랙커피, 스코틀랜드의 체링 크로스 룸 앤드 브랙퍼스트 현관방에 전통 영국식 찻잔으로 세팅이 되었던 아침 식사와 워즈워드 집을 방문하고 난 후 아무 식당에나 찾아 들어가 먹은 피시 앤드 칩스. 벌써 그리워진 맛들이 살아날 것이다

여행의 맛 토마토 쳐트니를 유리병에 꾹꾹 눌러 담는다.

저 맏치에 늘 허드슨 강이

어머니의 봄

88세인 어머니께서 동창회지에 '춘삼월이 되면 영락없이 마당에 봄이 찾아오는데, 왜 인간의 봄은 한 번 가면 아니 오는가.'라고 썼다고 하셨다.

춘삼월 타령을 하시는 어머니 때문에 간절하게 봄을 기다렸던 적이 있다. 집 앞의 샛노랑 개나리와 건넛집 마당에 하얀 목련이 흐드러지게 피기까지 봄은 어렵게도 찾아 왔었다.

'솔솔 부는 봄바람 쌓인 눈 녹이고, 잔디밭에 새싹이 파릇파릇 나고요.' 새 학기를 맞이할 때마다 가슴 들뜨게 하던 고향의 봄은 따스했고 꽃샘추위조차 화사하기만 했다. 하지만 뉴욕의 봄은 달랐다. 폭설과 혹한에 움츠리다 보면 어느 날 갑자기 봄이 와 있었고 봄인가 하면 어느새 여름으로 껑충 뛰곤 했다.

어머니가 애타게 기다리던 결코 오지 않을 것 같았던 그

해의 봄은 햇빛 한 줄기, 파릇한 잎사귀 하나, 방싯 벌어지는 꽃봉오리 잎을 셀 만큼 애를 태우면서 다가 왔었다.

1층 아파트 뒷마당에 씨 뿌려 놓고 오시겠다는 것을, 이왕 올 건데 좀 빨리 오시라고 재촉하여 2월에 뉴욕에 오신 친정 어머니는 도착한 다음 날부터 봄을 기다리셨다. 포근한 겨울 날씨였지만 그래도 어서 3월이 오기를 기다리셨고, 3월이 되었는데 자꾸 눈이 내리자, 언제 명실 공히 춘삼월이 되냐면서 투정을 하셨다. 하루 이틀 햇볕이 나면 성급히 화분들을 내다 놓고, 서리가 내릴 듯한 밤이면 다시 다 들여다 놓기를 반복하신다. 4월이 되었는데도 차갑기만 한 날씨에는 '지금이면 대동강 물도 녹을 때가 지났다며' 매일 아침 출근하는 나를 붙들고 마치 농사꾼 아낙처럼 씨를 못 뿌려 안달을 하신다.

아이들을 봐주는 덕분에 직장을 다니는 처지라, 어머니의 걱정이 남의 일이 아니었다. 나 역시 아침이면 제일 먼저 밖을 내다보며 "오늘은 기온이 좀 올라가려나. 아, 정말 왜 이렇게 봄이 안 오지?" 어머니 귀에 들리게 봄을 기다린다. 아침 햇볕에 포근함이 느껴지는 날이면 "엄마 걱정 마, 오늘은 날이 따듯할 거래. 이거 봐, 정말 봄 날씨네!" 기분을 올려 드리지만, 다음 날은 또 쌀쌀해진다. 오히려 어머니가 "야, 걱정마라. 나 이제 봄 안 기다리기로 했어. 올 때가 되면 안 오리?" 나를 위로해 주신다.

매일 조심스레 날씨를 살피다 보니, 땅 위로 바늘 끝만큼 삐죽이 나온 풀잎도 발견하고, 마른 가지에 엷게 물이 오르는 기미도 알아챌 수 있었다. 그 다음 날이면 초록빛이 조금 더 진해져 있는 것도 감지한다.

어느 날 집에 와보니 부추전이 상에 올랐다. 한 뼘쯤 자란 부추를 자르신 거다. 입 안에 퍼지는 부추 향에 '그래 봄이 오긴 왔나 보다.' 마음이 녹작지근해진다. 드디어 마당 일로 바쁘신 어머니의 봄 타령이 없어졌다. 기다리고 기다리던 봄이 우리 어머니에게 찾아와 준 것이 감사하기만 했다. 농부의 마음이 아니라 소녀의 마음을 꼭 붙들고 사는 "우리 엄마가 행복할 수 있도록 봄이 빨리 오게 해주세요." 했던 내 기도가 이뤄진 것이다.

그때처럼 간절하게 기다리는 봄은 아니지만 올해 역시도 유난히 봄이 늦는 것 같다. 부활절이면 돋아나 꽃을 피우던 히아신스도 겨우 잎사귀만 보인다. 얼마 전 어머니에게 전화를 하니 "너희 집 마당에 눈, 이제는 녹았겠구나." 하시며 "이 세상의 봄은 오고 오고 또 계속해서 오는데 우리 사람의 봄은 한 번 가면 안 온다."고 또 봄타령을 하신다.

101주년 총동창회에서 교가와 우리의 소원은 통일 반주를 하신 어머니에게 내년 봄은 쉽게 찾아와 주기를 간절하게 기도한다.

애플 바이트(Apple Bite) 교육

한쪽을 베어 먹힌 빨간 사과가 그려진 미용실 간판을 바라보며 차 뒷자석에 앉은 아들이 물어 본다. "엄마 저거 애플 바이트라고 쓴 거야?" 나는 대답한다. "으흐응."

엄마가 미국식 억양으로 대답을 했다고, 아들이 고등학생이 되어서야 한 이야기다. 어린 아들과의 그 대화는 생각이 나질 않지만, 내가 분명히 그랬었을 것이라는 것은 시인한다.

차를 타고 가면서 'ADAM & EVE'라고 대문자로 크게 써 있는 간판으로 영어공부를 시킬 수 있는 일거양득의 찬스를 놓친 엄마는, 걸음마를 하기 전부터 ABC를 시키는 엄마들 기준에서는 자격미달이다.

한 번은 시어머니로부터 조심스런 전화를 받았다. "요새 애들 중간고사 기간이라는데 희련이, 인준이는 공부 열심히 하니?" 하신다. 그 뜻이 무엇인지 아는 나는 일부러 대수롭지 않은 듯이 "요새 중간고사 본대요?" 해놓고는 즉시 "걱정마세요. 우리 애들 공부 잘해요." 했다. "그러게 네가 좀 더 신경을 써주면 애들이 얼마나 더 잘하겠냐."고 하신 어머니를 이해한다. 새벽부터 스케줄이 빽빽하게 짜인 큰집 애들에 비교하면 내 아이들은 매일 놀고 있는 스케줄이다. 과외공부도 안 하고 특별활동도 별로 안 하는 것 같으니까, 에미가 애들을 내버려 두고 있는 것처럼 보셨을 것이다.

우리 애들이 공부를 잘 한건 사실이다. 성적표에는 A가 수두룩했으니까. 내가 학교 다닐 때 받아오던 '중지상(中止上)' 성적표에 비하면 '상중상'이다. 그러면 됐지 뭐. 나의 걱정은 성적에 있지 않았다. 이 나라에서 이 얼굴로 어떻게 사느냐였다.

첫아이를 유아원에 보낼 때 '아이 원트 투 고우 투 더 베스룸'을 외우게 하다가 망설였다. 진짜 미국 아이들도 화장실 가고 싶을 때 이렇게 문법에 맞게 또박또박 말을 할까? 자신이 없었다. 한국이라면 전혀 걱정할 필요가 없는 '말하기'부터가 문제가 되다니. '이미 상황은 주어졌다. 내가 할 수 없는 일은 할 수가 없다.' 마음을 다졌다. 애들이 스스로 헤쳐 나갈 힘을 키워줘야겠다는 비상 작전을 세웠다.

뉴욕 타임즈를 구독했다. 엄마 아빠가 못하는 영어를 신문에서 좀 배우라는 생각이었다. 항상 실험 대상이었던 첫째에게는 영어의 근원 라틴어를 제2국어로 선택하도록 권했고, 다른 미국부모라면 다 알고 있을 제일 중요하다는 SAT에 대해서도 아는 바가 전혀 없으니 중학교 들어가자마자 미리 SAT시험을 보게 했다. 그래야 스스로 공부의 방향을 터득하리라고 여겼다. 고등학교 때는 어려운 수학 반에 들어가서 고생하길래, 그림 잘 그려서 미술 대학갈 텐데 수학이 뭐 그리 중요하냐며 PTA때 수학 선생님에게 보통 반으로 옮겨 달라고 했다.

둘째는 누나가 한 번 지나간 뒤를 따라가는 것이니 별로 신경도 쓰지 못했다. 수천 개의 미국 대학 중 어딘가 괜찮은 대학에 갈 것은 뻔했기 때문이다.

그러나 '아담 앤드 이브'를 '애플 바이트'냐고 물었을 때 '으흥' 했던 것은 작전이 아니었다. 아이가 하는 말을 흘려들었던 것이다. 늦은 나이에 아이를 낳고, 낯선 생활을 하다 보니, 내 머리엔 오만가지 생각이 꽉 차있었다. 생활에 찌든 엄마였던 것이다.

'아담 앤드 이브'를 지나다닐 때마다 한 입 베어 물린 사과를 바라보며 미소를 짓는다. 어떨 땐 그 사과의 빛이 바래기도 하고, 어떨 땐 새로 페인트칠을 해서 새빨갛게 유혹적이다. 아니 이미 아담이 한 입 베어 먹었으니, 유혹의 역할을 마친 사과다.

만약 아이 말에 집중을 했었다면 결과가 달라졌을까?

"노, 노노. 얘야. 저건 아담과 이브라고 쓴 거야. 에이, 디,

에이, 엠. 아담, 아이 브이 이. 이브." 똑 부러지게 말했다면? 아마 상상력을 막았을 수도 있다. 나중에 스스로 간판을 읽었을 때 엄마는 못 믿겠으니 내가 알아서 할 수밖에 없구나 했었나 보다. 아들은 SAT영어에 만점을 받았다. 미술 대학을 1년 다니다가 누나가 콜롬비아대학으로 전학을 하니까, 그림만 그린 누나도 갔는데 나도 한 번 해본다고 조기입학 원서를 내고는 콜롬비아대학에 들어갔다.

비싼 학비에 허리띠를 조였지만, 나의 애플 바이트 교육 일기는 해피엔딩이 되었다. 그때 내가 딴 생각을 하고 있었던 것이 다행인 셈이다.

백조의 엄마

희련이랑 함께할 일이 뭐가 있을까. 신문을 뒤적인다.

아이가 대학 1년을 다니다 휴학을 하고 집에 왔다. 대학생이 되고 나서 별로 활기가 없길래 갑자기 넓은 세상에 나가 아이덴티티 크라이시스에 걸린건가, 늦은 사춘기를 겪는건가 했었다. 그러다가 딸아이의 심신이 많이 약해져 있는 것을 알고는 당장에 집에 데려다 놓았다.

애들이 빨리 크기만을 바랐고 대학을 갔으니 이젠 됐다며 자상하게 살피지 못한 무심한 엄마였음을 통탄했다. 지금이라도 내가 해줄 수 있는 것은 다 해주고 싶었다. 휴학하는 동안 인턴일을 하고 있는 딸에게 모처럼의 연휴를 즐겁게 해주려고 궁리를 하던 차였다.

발레 광고가 눈에 들어 왔다. 백조의 호수!

한국 식품점에서 빌려오던 한국 만화영화 '백조의 호수'를 보며 '지그프리드! 지그프리드!' 공주 목소리를 흉내내며 놀던 희련이는 '스완 레이크'를 가자는 말에 순순히 오케이를 한다. 메트로폴리탄 오페라 극장 앞에 도착할 때부터 딸의 표정이 살짝 들뜨는 걸 알 수 있었다. 오길 잘했다 싶었다.

오케스트라가 음을 고르는 듣기 좋은 불협음과 관객들의 웅성거림에 내 마음도 들뜬다. 프로그램을 열어 슬슬 페이지를 넘기며 '옛날옛날 어느 왕궁에 마술사가 나타나서…'로 시작하는 너무나 뻔한 백조의 공주 스토리를 읽어 보다가 한 구절에서 멈추었다. 뭐라고? 공주의 어머니가 흘린 눈물이 호수가 되었다고? 아니, 백조가 떠 있는 그 호수가 엄마의 눈물이라고? 다시 한 번 읽는다.

호수를 이룰 만큼 흘린 눈물. 엄마가 흘린 눈물이다.

매사에 자신 만만하던 아이가 맥없이 집으로 돌아왔을 때 "괜찮아. 이제부터 좀 푹 쉬면 돼." 애써 씩씩한 표정을 보여 주었지만 내 속은 무너져 내렸었다. 낯선 기숙사 방에서 고통을 겪었을 나의 어린 딸을 생각하며 얼마나 울었나. 딸애가 세상 무게를 짊어지고 헤매는 것도 모르고 난 뭘 했단 말인가. 목욕통에 물을 받으면서 엉엉 소리 내어 울었다. 길 가다가 까르륵 웃는 딸 또래의 여자애들을 보면 바짝 마른 내 아이가 생각나서 눈물이 고였다.

샹들리에가 올라가며 막이 열리는데 가슴이 메어 왔다. 눈물이 흐르는 걸 내버려 두었다.

'백조의 호수' 하면 누가 뭐래도 까만 밤 호수 위에 떠 있는 하얀 백조의 환상적인 모습과 아름다운 공주와 미남 왕자를 상상할 것이다. 그 누가 호수 자체에 대해서 잠시라도 생각을 할까. 호수가 엄마의 눈물이라는 걸 알고나 있을까? 이야기 제목을 백조 공주나 백조와 왕자라고 하지 않고, '백조의 호수'라고 지은 사연을 나만 모르고 있었나.

저 멀리 발레리나들의 화려한 흰 물결을 바라본다. 호수는 보이지도 않고, 백조의 엄마는 4막 내내 한 번도 무대에 나타나지 않았지만 첫 장면서부터 나는 백조 엄마만을 생각했다. 귀에 익은 선율에서는 내 자신이 불쌍해서 눈물이 쏟아졌다.

희련이 내 딸, 너는 우리 집 백조공주다. 네가 '지그프리드 지그프리드' 날갯짓을 할 때 엄마 호수는 조용히 너를 받쳐 줄께. 아무 걱정 말아라.

드디어 막이 내렸다. 우리는 서로 바라본다. 희련이가 말한다.

"아, 배고프다."

내가 말한다.

"그래 우리 뭐 먹으로 갈까?"

아름다운 선율에 휩싸여 '백조의 엄마'가 되었던 '백조의 호수'였다.

축구 아빠(Soccer Dad)

뉴욕 한국일보 기자생활을 할 때 아들녀석과 남편에 대해 쓴 기자 수첩이 있다. 1993년 10월 21일자, 오려 두었던 스크랩은 누렇게 바래어 있었지만, 그때의 내 기분은 마치 10월의 차가운 공기처럼 찡하게 코끝을 스친다.

"많이 먹어라. 너 또 넘어진다." 아들에게 시리얼을 더 쏟아 주고 긴 소매 셔츠와 긴 바지를 입히자 남편은 "뛰면 덥다."며 짧은 소매 셔츠와 반바지로 갈아입힌 이야기다. 나는 베리베리한 아들녀석이 한 시간 정도 공을 차는 것만도 다행이라고 생각했고 남편은 달랐다.

졸망거리는 아이들 시합을 남편은 팔장끼고 보고 있다가, 운동장 뒷편에서 두리번거리고 서 있는 아들에게 손짓을 하기도 하고 또 자기 혼자 중얼 거리기도 한다. 이리 저리 밀려다니다가 한두 번 공을 차고 또 한 번쯤은 넘어지며 게임을 끝

낸 아들을 차에 싣고 나면 그때부터는 남편이 축구를 한다.

"인준아. 아까 알렉스가 공을 너무 오래 갖고 있었잖아."로 시작해 저쪽 팀들도 하나 제대로 된 놈 없다며 8번 선수가 뭘 어떻게 해야 하는데 뭘 어떻게 했다는 등 아이가 알아듣는지는 상관이 없다. 맥도날드라도 들르면 냅킨에다가 운동장과 골대를 그려놓고 작전까지 짠다. 다음 번 시합 때까지 저녁 밥상마다 축구가 계속된다.

내 눈에는 아들이 운동선수가 될 소질이 없어 보이는데도 아침이면 집 앞 작은 잔디밭에서 툭툭 공차기를 시키고 나서야 학교에 보냈다. 아직 사커 맘(Soccer Mom)*이란 말이 없을 때였는데 남편은 진정 축구 아빠 즉 사커 대드(Soccer Dad)였다.

이때 인준이가 7살이었고, 브라질 월드컵을 하기 21년 전 일이다. 한국 월드컵 때에는 마침 한국에서 오신 작은 할아버지랑 같이 새벽에 축구를 보던 아들은 2014년 브라질 월드컵 취재 팀에 뽑혀 브라질엘 갔다. 축구장에서 머리를 긁적이며서 있기 일쑤이던 아들녀석은 학교 가기 전에 현관 바닥에 뉴욕 타임즈를 펼쳐 놓고 스포츠면을 읽고 가더니 뉴욕 타임즈 기자가 되었다.

내가 기자수첩 쓸 때만 해도 애가 어디 제대로 운동이나 할까 했는데, 고등학교 때에는 학교 대표팀의 주장까지 해서 아빠를 감격하게 해줬으니 효자다 싶었다.

나는 브라질이 위험하지 않나 걱정을 하지만 남편에게는 아들이 가 있는 브라질 월드컵이 남의 일이 아니었다. 만나는 사람한테마다 아들이야기를 하는 축구 아빠. 말릴 수가 없다. 아들 자랑 재미를 한껏 누릴 자격이 있음을 인정한다.

*사커 맘: 유럽이나 아시아 나라에서 열광하는 축구(soccer)가 미국에서는 별로 인기가 없다가 2000년대에 들어서면서 붐이 일어나기 시작했다. 차차 유행처럼 자녀들에게 축구를 시키며 교육에 열성을 부리는 젊은 엄마들을 가리키는 사커 맘(Soccer Mom)이라는 용어가 생겼다.

프렌치 레드 와인 비네가

불란서 아가씨 알리스가 항아리를 조심스레 상에다 내려놓는다. 하얀색 사기 항아리 한 면에는 초록색 닭이 다른 면에는 주홍색 닭이 그려져 있다. 알리스는 요술이라도 부리듯 나무 국자로 항아리 안을 휘휘 저어 커다란 표고버섯 뚜껑 같은 검정색 덩어리를 꺼내 보여 준다. "와우~" 희련이와 내 눈이 둥그레진다.

알리스가 "이것이 식초의 '엄마(Mother)'예요."라고 말하자 우리는 또 '와우~' 한다. 100년 넘은 곰팡이란다. 신기하다. 옆에서 있던 알리스의 엄마가 한마디 거든다. "마시다 남은 와인이 있으면 그냥 부으면 되지요." 그러자마자 알리스가 날카롭게 엄마를 쳐다본다.

"노오~! 마망! 노, 노. 무슨 소리야. 나는 일부러 좋은 와인을 사서 붓는다구."

"그래? 흐음. 오케이."

알리스 엄마는 양손을 슬쩍 올리고 어깨를 으쓱이며 나를 바라본다. 눈이 마주치며 엄마끼리 통한다. '하여튼, 딸들은 참…' 하는 내 표정을 알리스 엄마가 알아챈 것 같다. 나 역시 딸한테서 비슷한 걸 당한 직후였기 때문에 알리스 엄마 마음을 안다.

불란서에서 온 회사 동료가 1년 만에 다시 불란서로 가면서 자기가 쓰던 식초를 주겠다고 했다면서 희련이가 '엄마 식초 가져갈래?' 물어본다. 식초뿐 아니라 가구며 살림도구도 주겠다고 하니까 차가 필요했던 거다.

애들을 볼 수 있는 기회라면 뭐라도 놓치지 않는 나는 물론 불란서 식초를 갖고 싶다고 했다. 일요일 아침 맨해튼 남쪽 끝에 살고 있는 딸을 픽업해서 알리스가 살고 있는 부르클린 동네로 찾아갔다. 오랜만에 만난 딸에게 잘 있었냐, 아침 먹었냐, 회사 일은 어떠냐 시시콜콜 물어 보는데 딸은 응, 응 하기만 했다.

알리스 아파트 앞에서 차를 내리는데 딸이 "아참, 알리스의 엄마가 와있다고 했어. 짐을 가져가려고 왔대."라며 재빨리 내 모습을 아래위로 훑어본다. 그리고는 "엄마 왜 이렇게 두꺼운 재킷을 입고 왔어." 하더니, "아니 이게 뭐야. 엄마, 양말 벗어, 구두랑 색이 안 맞아." 한다. 나는 얼떨결에 급히 양

말을 벗어 백에 넣고 나서는 기가 막혔다. 무엇이든 딸에게는 반항 한 번 못하고 주눅이 든다.

알리스 집에 들어서자 소파 한 쪽에 앉아 랩탑을 보고 있던 불란서 엄마는 천천히 일어나 세련되게 "Hi." 우리를 맞았다. 단발머리를 한 날씬한 몸매에 짙은 회색 반팔 티셔츠를 입은 전형적인 빠리쟌느였다. 나의 재킷이 왠지 더 무겁게 느껴진다. 알리스 엄마는 '꼼 드 갸르송'이라는 패션회사에 다닌다고 희련이가 귀띔을 해주었기 때문이다.

"딸의 짐꾼으로 왔지요."라는 불란서 엄마와 몇 마디 인사말을 나눈다. 내가 "레드 와인 식초를 준다해서 따라 왔어요." 하자 멋쟁이 빠리쟌느도 별수 없이 자기 할머니의 할머니가 만든 식초를 이모, 고모 모두가 다 한 항아리씩 두고 만들어 먹는다는 등, 물어 보지도 않은 말을 늘어놓는다. 진지하게 듣는 나에게 "그러니까 100년도 더 묵은 식초예요." 빠리쟌느 엄마는 신이 났다.

희련이랑 재잘거리던 알리스가 부엌에서 불란서 칸츄리 스타일의 도자 항아리를 내오고 우리가 둥그런 효소 덩어리를 보며 신기해하자, 빠리쟌느 엄마는 더 신이 나서 "먹다 남은 와인을 넣으라."고 말을 했던 것이다.

딸 앞에서 꼼짝을 못하는 엄마. 머리가 커진 딸들은 마치 자기 엄마는 바보인 줄 안다. '요것들이 엄마를 뭘루 보고 엄마에게 마구 덤빈다.'라는 말을 입 밖으로 내지는 않았지만, 두 엄마는 말없이도 그 마음이 통한 것이다. 오케이 그러거나 말거나. 두 엄마는 일부러 더 화기애애하게 말을 나누다가, 'Good Luck, Bon Voyage' 하며 헤어졌다.

추수감사절 때 집에 온 희련이는 잔에 남은 와인을 모두 다 불란서 식초 항아리에 붓는다. 그리고는 둥그런 '식초엄마'를 꺼내 한 쪽을 뚝 잘라 갖고 갔다. 그럼 그렇지. 역시 내 딸이 불란서 딸보다 낫다. 커다란 효소가 그 모든 것을 다 삭혀 맛있는 식초를 만들 텐데, 할머니의 할머니가 다 그렇게 했는데, 젊은 것이 뭘 안다고 엄마를 나무라노.

"엄마, 알리스가 파리에서 식당을 차렸어."

얼마 전 희련이가 소식을 전해왔다. 알리스는 깔끔하고 깨끗한 프랜치 와인 비네가로, 자기 엄마가 감탄할 맛있는 요리를 하겠지. 빠리쟈느 엄마의 쿨한 얼굴이 생각난다.

부엌 한구석에 놓여 있는 초록색 닭과 주홍색 닭이 그려진 항아리 속의 프랜치 레드와인 비네가는 서서히 우리 집 샐러드의 드레싱의 비법이 되었다. 요즈음엔 무나물, 오이나물 무칠 때에도 또 양념간장 만들 때에도 몇 방울씩 넣는다.

딸의 딸로 이어질 우리 집 프렌치 레드와인 비네가이다.

그랜드 센트럴 역에서 달리기

개찰구 18번은 '마이클 죠단 그릴'에서부터 대합실을 가로질러 간 끝에 있다.

몇 시 차냐고 물어 보는 딸에게 나는 자신 있게, "시간 많아." 했다. 셀폰을 열어 보니 8시 50분이다. "여기서 1분이 얼마나 긴지 알아? 엄마가 니네들 어릴 때, 기차 시간 몇 초를 남겨 놓고 막 뛰었었잖아." 했다. 10분은 긴 시간인 것이다.

방학 때 기차를 타고 인턴을 다녔었던 아들이 1분의 귀함을 아는지, "아이 노우." 한다. 사람들이 모여들었다가 흩어졌다가 하는 그랜드 센트럴 대합실을 새삼스럽게 내려다본다. 일어서기가 싫었지만 집에 혼자 있는 남편을 생각해서 9시 기차는 꼭 타야지 했다. 자기들끼리 킬킬거리는 애들을 바라보는 것만으로도 좋았다.

'오케이. 가자.' 계산서를 놓으며 시계탑을 보았다. "어머나!"

큰 바늘이 12시 가까이 가 있었다. 갑자기 딸이 벌떡 일어나 한국말로 "뛰자!" 하더니 내 팔을 부여잡고 층계를 뛰어 내려 간다. "아이구, 희련아." 딸에 끌려가며 웃음이 터졌다. 뒤도 안 돌아보고 뛰던 딸도 소리 내어 웃는다. 21, 20… 개찰구 번호가 가까워지면서 내 발이 딸보다 더 빨라졌다.

18번이 저 앞에 나타나자 나는 딸애의 손을 뿌리치며 뒤도 안 돌아보고 개찰구 안으로 뛰어 든다. 운전석에 앉은 기차 운전사와 눈을 마주치며 일단 안심을 하고는 기차 문을 향해 돌진한다. 자리에 앉기도 전에 덜컹하고 기차가 움직이기 시작했다.

그렇다. 그랜드 센트럴 대합실에서 뛰는 일은 나의 전문 특기였다.

결혼 초 기차를 타고 맨해튼 32가에 있던 신문사를 다닐 때부터이다. 남편이 동네 기차역으로 데려다 주고 마중을 오고했던 그때, 거의 매일 기차 시간에 맞추어 뛰곤 했다. 나중에 다섯 살, 세 살 두 아이를 두고 롱아일랜드 시티에 있는 신문사를 다닐 때에는 명실 공히 '뛰는 인생'을 살았다. 퇴근 시간에 전철 하나를 놓치면 그랜드 센트럴에서 기차를 하나 놓치는 것이고, 그러면 아이들이 학교 마당에서 울고 서 있는 것이 된다.

땀을 뻘뻘 흘리며 개찰구로 뛰어드는 순간에 눈앞에서 미끄러지듯 떠나가는 기차를 바라보기를 몇 번이나 했는지.

아이를 봐주시러 친정어머니와 시어머니가 교대로 와계셨지만 뛰는 인생은 계속되었다. 기차역에서 셔틀 버스를 타고 집 앞에 내리면 어둑할 때까지 마당에서 놀다가 버스 소리에 골목길을 달려와 매달리는 아이들도 물론이지만, 하루 종일 집안 일하시고 저녁 식사까지 준비하시는 어머니 때문에 어떻게 해서든지 기차를 놓치지 않으려고 분초를 다투었다.

직장을 그만 둔 후에도 맨해튼을 갈 때마다 나의 교통수단은 메트로 노스 기차다. 친구 인선이는 뉴욕에 올 때마다 나 편하라고 그랜드 센트럴 역 바로 옆에 있는 하이야트 호텔에 묵곤 했다. 친구랑 밤늦도록 이야기하다가 기차시간 직전에야 호텔을 나와서는 역시 또 그 넓은 대합실을 뛰었다.

그랜드 센트럴은 정말 많이 변했다. 홈레스가 누워있던 자리엔 고급 가게들이 들어섰고, 길게 줄지어 서 있던 공중전화도 사라졌다. 나도 많이 변했다. 애들에게 사다 주던 빵집 '자이로스(Zairo's)'는 그대로 있지만 빵을 사들고 갈 일도 없어졌고, 남편이 기차역에서 기다릴까 걱정할 필요도 없다. 기차 도착 10분 전에 셀폰으로 남편에게 전화하면 그만이고 만일 기차를 놓치면 한 30분 슬슬 가게 구경을 하던지 매점에서 잡지를 보면 된다. 그중 가장 큰 변화는 이제 기차를 타는 일도 드물어졌다는 것이다.

그날은 소포로 보내도 될 작은 물건을 딸에게 전해준다는 핑계로 기차를 탔다. 오랜만에 얼굴을 보여주는 효도를 하려고 아들도 합세를 했다. 기차역 가까운 곳에서 저녁을 먹고 엄마를 배웅한다고 역으로 함께 들어온 아이들과 와인을 마시며 평화스러웠던 것도 잠시, 다시 그 대합실을 요란하게 뛰었던 것이다. 이번엔 딸과 함께.

자리에 앉아 숨을 고르는데 셀폰이 울린다.

"엄마, 인준이가 우리 뛰는 모양이 너무 우습더래."

아직도 웃음이 섞인 딸의 목소리다.

"나도 우스워서 혼났네. 근데, 재밌었다. 그치?"

말은 그렇게 나오는데, 혼자서 쏜살같이 뛰던 그랜드 센트럴을 딸에게 끌려 휘청거리며 뛰고 난 감격인가 아니면 흘러간 세월에 대한 노스탤지어인가. 나의 웃음이 어느새 눈물로 바뀌고 있었다.

센티멘탈 그랜드 센트럴

모두들 집으로 향하는 시간에 나는 기차를 타고 맨해튼으로 향했다.

가정주부가 무슨 일로 한밤에 맨해튼엘 가냐고 하겠지만, 멀리서 온 친구를 만나는 일은 중요한 일이다. 밤 9시. 그랜드 센트럴에 도착했다.

지저분하고 냄새나던 80년대 맨해튼이 나의 고향이라면, 출퇴근 시간 붐비는 인파 사이를 분초를 다투며 달리던 그랜드 센트럴은 고향역 앞이다. 아침엔 기차에서 내려 수많은 층계를 오르내리며 7번 지하철로 향했고, 퇴근시간 땡 하자마자 부리나케 회사를 나와 또 그랜드 센트럴 역을 통과한다.

10초 20초를 남겨 놓고 기차를 놓치면 다음 차까지 30분이 너무 길었다. 애들 도시락 싸줄 빵을 사 들고는 대합실 벤치에 앉아 시계를 바라보던 수많은 날들. 뉴욕의 명물이라는 그랜드 센트럴 터미널이 내게는 분초를 다투는 삶의 현장이었다.

이제는 더 이상 급하게 드나들던 역전이 아니다. 나중에 알고 보니 대합실 시계는 한 1분을 빠르게 해놓았다던가. 이제 와서 맥없이 웃는다.

많은 것이 세월과 함께 흘러가 버렸다.

친구 정주를 만나던 그날은. 집에 갈 땐 11시 13분 아니면 11시 45분 차를 타야지, 돌아갈 기차 시간을 느슨하게 잡았다. 대합실을 둘러본다. 수많은 영화의 배경으로 등장하는 이 유명한 관광장소에 내가 언제 신경이나 써봤는가. 시간과 시간 사이를 정신없이 뛰기만 했다.

낮이면 햇빛이 쏟아져 들어오는 널따란 유리창 벽과 섬세한 선으로 조각된 기둥들, 별 자리가 뒤집어져 그려졌다는 신비스러움을 주는 옥색의 천장과 중세 여성의 페티코트 같이 가운데가 부풀은 샹들리에를 마치 처음 보듯이 바라본다. 하나도 바쁘지가 않다.

역을 나오니 노란 택시가 줄줄이 서서 손님을 기다리고 있었다. 이 또한 드물게 보는 장면이다. 택시를 타고 정주가 머물고 있는 55가 호텔로 향한다.

나리꽃 향기가 진동하는 호텔 로비에 정주가 미리 나와 있다.

"그래 잘 있었니?"

"어떻게 지냈니?"

이메일과 카톡을 매일 주고받지만 얼굴을 맞대는 건 다른 일이다. 무드 있는 호텔 바에 앉은 우리의 대화는 이렇다.

"허리가 또 아픈 거 있지."

"아무래도 매사에 어눌해지는가 봐."

"온통 잊어 먹는 것투성이야."

이젠 예전 같지 않음을 늘어놓는다.

진 앤드 토닉 한 모금에 발그스레해지는 친구에게 아무래도 뜨거운 물에 담구는 게 좋겠다고 권하고, 또 만나자 그래 잘 지내자. 호텔을 나왔다.

택시를 타면 11시 13분에 맞출 수 있었다. 택시 타겠냐는 도어맨의 친절을 마다하고 걷기 시작했다. 바람이 차갑지 않은 가을 밤 맨해튼 거리를 언제 이렇게 걸어봤을까. 가게 문은 닫혀도 환하기만 한 쇼우 윈도우를 들여다본다. 인적은 물론이고 차도 잘 안다니는 맨해튼 거리가 생소하다. 5번가에서 메디슨 에브뉴로 접어들고, 몇 블록을 내려가 다시 파크 에브뉴로 걸어간다.

저만치 그랜드 센트럴 터미널 건물의 노오란 전등 불빛이 보였다. 아직도 시간이 남았다. 천천히 걷는다. 묵직한 문을 밀고 들어서니 대합실이 휑하다. 이렇게 텅 빈 그랜드 센트럴은 거의 처음이다. 어쩌다 늦은 밤에 기차를 탈 때에도 '와~ 한밤중에도 사람이 많구나.' 했었는데, 월요일이라서 그런가 유난히도 한가하다. 시계탑 주변으로 드러나 있는 대리석 바닥이 광활하다.

스마트폰을 꺼내 철컥 철컥 이 장면을 담아 본다. 그리고는 전화를 한다.

"여보. 12시 반 도착이야. 맘 놓고 자요. 10분 전에 깨울게."

"그래, 나 잔다."

매점에서 잡지를 들춰보다가 슬슬 개찰구로 향한다. 개찰구는 변함이 없지만, 그 옛날 뛰어 들던 개찰구가 아니다. 사무용 가방을 든 몇 몇 젊은이들이 철벅철벅 지친 걸음으로 들어가고 있다.

저 시계가 1분이 빠르단 말이지? 드넓은 그랜드 센트럴 기차역 대합실 구석구석을 둘러보며 서서히 개찰구를 향해 걸어간다.

스무고개

"여보, 아까 H마트에서 누굴 봤는지 알아?"

"여자야 남자야?"

"여자."

"교회 사람이야?"

"응."

"우리 교회? 팰함 교회? 브롱스 교회?"

"아니."

"그래? 으흠. 스카스데일 사는 사람이야?"

질문이 길어진다. 문제를 낸 쪽은 '네, 아니오'만 한다. 답을 맞추는 쪽은 질문 하나라도 아끼려고 눈을 굴리며 골똘히 생각한다.

"세탁소 해?" 그렇다고 한다. 누군가 짚이는 사람이 있어도 일단은 안전한 범위로 좁혀 가야 스무 번 안에 정답을 낼 수 있다. 최근에 만난 적이 있는 사람인지, 최근이라는 게 1년인지 6개월인지…. 질문은 점점 디테일해지고 질문자의 표정은 심각해지며 답하는 자는 재미있어 한다.

몇 고개 남았는지 손가락을 헤아리다가 주변 사람 이름 몇 번이 지나면 '아하. 미세즈 리구나.' 답이 나온다.

딩동댕. 긴장이 풀린다. "오늘 H마트에서 미세즈 리 만났어." 한마디면 될 걸 머리를 싸매고 시간을 끌며 서로가 팽팽히 맞선다. 정답이 나오면 그때부터 미세즈 리 어떻더냐며 무슨 애기를 했는지 대화의 장이 열린다. 30년 미주 생활에 쌓여진 이야기가 미세즈 리로부터 꼬리에 꼬리를 문다.

남편과 나의 취미가 다른 것은 일찍이 파악을 했지만 그래도 서로 마음을 맞추어보려고 늘 티격태격 하며 살았다. 그러나 이제는 시시한 일로 다툼하는 일도 별로 없다. 저녁 때 만나면, 별일 없어? 응 별일 없어. 그리고는 할 말이 없다. 간혹 마주보고 이야기를 하다보면 결국 진보파 보수파로 갈라진다. "알았어, 알았다니까." 적당한 선에서 말을 멈추곤 한다. 계속하다보면 극좌와 극우로 뻗어 버리기 일쑤이다.

그러나 '여보, 나 오늘 누구 만났게?'에는 서로 눈이 반짝하며 마음이 통한다. 이름을 맞춰야 할 그 사람은 분명히 우리 두 사람의 공통 관심사임이 분명하다. 으흠. 잠깐만. 정색을 하며 '남자야 여자야?' 하면서 실마리를 푼다. 그 옛날 라디오

'재치문답'이 시시할 정도다. 어디라구? 몇 시쯤? 혼자 있었어? 아니면 여럿이 있었어? 잘 안 돌아가는 두뇌에 기름을 친다. '누구 만났게'로 시작되는 이름 맞추기 게임은 우리 부부에게 딱 맞는 오락 시간이 된 것이다.

몇 년 전만해도 한국 식당에 가면 꼭 한두 명쯤 아는 사람을 만났었는데 이제는 한국 사람들이 꽉 찬 곳에서도 아는 얼굴이 없어서 마치 내가 이방인이 된 기분이다. 그래서 어디에서든 아는 사람을 만나면 큰 뉴스거리가 되는 것이다.

어느 날 남편이 "나 오늘 누구 만났게?"를 시작했다. 글쎄 그걸 내가 어떻게 알아. 나는 퉁명스럽게 대꾸한다. "어디 한번 맞춰봐. 당신도 아는 사람이야. 아마 누군지 알면 깜짝 놀랄 거야." 남편이 미끼를 던졌다. "그래? 누굴까. 아, 힌트 좀 줘야지 알지. 뜬금없이 누군 줄 알겠어. 남자야, 여자야?"

요즈음은 '나 오늘 누구 만났게'를 하면, 일단 상대방 얼굴부터 살핀다. 남자야 여자야? 이런 시시한 질문은 피한다. 가능한 모든 상황을 심사숙고해 본다. 머릿속으로 재빨리 우리가 아는 사람의 목록을 들춘다. 침묵이 흐르면 "아— 빨리." 재촉이 온다.

탐정 소설을 좋아하는 나는 두세 번 고개를 넘으면 대충 심증을 얻는다. 하지만 남편이 실망할까 봐 몇 고개를 더 간다. '그 사람이 금방 당신을 알아 봤어?' '당신, 그 사람 보니까 반가웠어?' '할 말이 많았어?'까지 빙빙 돈다. 질문을 만드는 나도 대답하는 남편도 재미있다.

저녁밥을 먹으면서 미세즈 리 이야기가 이어진다. "정말 많이 변했더라구. 뚱뚱해지고 말이야." 대단한 일이나 되는 것처럼 장황하다.

"그 집 큰애 생각나? 방방 뛰던 애. 그 애가 변호사가 되었데. 근데 미국여자랑 결혼 했다는 거야."

처음에 미세즈 리가 무척 반대했다는 이야기에 "뭐 미국 살면서 미국사람이랑 결혼하면 좋은 거 아니야?"

"에이, 그래도 한국 사람이랑 하는 게 좋지."

우리 애들을 생각하며 이야기는 꼬리에 꼬리를 문다. 식사가 끝나고도 파란만장 이민 스토리가 줄줄이다.

우리 부부가 언제 이렇게 마주 보며 웃으면서 얘기를 한단 말인가. 어린 나이임에도 즐겨 듣던 한국남, 양주동 박사의 격 높고 재기 넘치는 재치문답 스무고개에 송구스럽긴 하지만, 우리 부부는 기회만 되면 '자. 즐거운 스무고개 시간이 돌아 왔습니다.'를 한다. 둘이 함께 엮어낸 30년 삶이 느슨해지지 않도록 재치 있게 질문을 이어간다.

비가 오면

강인한 의지력이나 지혜로운 판단력이 힘을 못 쓴다. 세심한 계획과 창의력이나 상상력 이 모든 것이 아무 소용 없다. 날씨 앞에서는 단 한 가지 순종 밖에 없다.

소풍 가기 전날 밤 과자가 든 배낭을 머리맡에 두고 제발 비가 안 오길 바랐던 간절함이 다음 날 아침 얼마나 여러 번 무너졌었는지. 내가 용띠라서 그렇다고들 했다. 우리 학년에 용띠 말고 뱀띠도 있었고 토끼띠도 있었을 텐데, 선생님은 무슨 띠였을까?

결혼식에 비가 오면 좋다고 하고 야외 행사 때 비가 안 오면 하나님께서 은혜를 베푸셨다고 한다. 인간의 사정을 전혀 배려하지 않는 날씨에게 사람들이 붙이는 해석들이다. 내 젊은 시절에는 믿지 못할 일을 두고 '때때로 해가 나고 흐리다가 곳에 따라 비가 내린다.'는 식의 일기 예보에 비유하기도 했다. 오후에 비가 온다면서 친절하게도 우산을 들고 나가라고 권하는 아나운서의 말이 맞을 때보다는 하루 종일 들고 다니던 우산을 놓고 들어온 적이 더 많다.

그러면서도 우리는 항상 일기예보에 귀를 기울인다. 과학이 발달할수록 날씨를 가늠하는 수준도 올라갔다. 열흘 앞을 내다보며, 하루 중에도 시간 단위로 몇 퍼센트의 비가 올거라는 예측까지 한다. 그러나 예나 지금이나 바로 내일 날씨도 믿을 수 없는 것은 다를 바가 없다.

이웃이 부추기는 바람에 가기로 한 부부동반 골프여행 며칠 전 부터 남편과 나는 날씨를 살핀다. 비가 올까 안 올까 궁금해 하는 두 사람의 마음은 완전히 다르다. 나는 비가 와서 안 가게 되기를 은근히 바라고 남편은 골프를 못 갈까봐 걱정을 한다. 스마트폰 일기예보에 화수목금토 내내 비가 오는 그림이 떠있다. 이걸 믿을 수 있을까? 자꾸만 일기예보를 열어 본다. 두 사람의 심정은 자꾸만 바뀌는 일기예보를 따라 시시각각으로 흔들린다.

비가 온다던 화요일은 꾸물꾸물하기만 하고 비는 오지 않았다. 수요일엔 예보대로 비가 오자 남편은 에이~ 하면서 스마트폰을 연다. 계속해서 금요일까지 하루 종일 비다. 그리고 골프 가는 토요일은 이른 아침까지만 비 그림이 있고 나머지는 해다. 그렇다면 토요일 낮부터는 개인다는 소린데 비가 안 오면 골프를 쳐야겠지? 할 일들을 미리 다 해두어야만 하는데, 다시 컴퓨터 Weather.com을 찾아보고 저녁에는 TV일기예보까지 본다.

비가 안 오면 골프를 가고 오면 못 가는 건 정해진 일인데도 골프 갈 준비는 하지 않고 여기저기 일기예보만 살핀다. 비가 확실히 오기를 바라는 것이 솔직한 마음이다. 남편을 위하는 아내 역할을 하려고는 했지만, '비가 오는데 어떻게 해.' 라고 하고 싶은 것이다. 실력이 전혀 늘지 않는 골프를 치는 그 긴 시간이 나는 아깝기만 했고, 남편은 모처럼의 기회가 좋기만 하다. 한창 나이에 가게를 운영하느라 그 좋아하는 운동을 못한 남편이 얼마 전부터 다시 골프를 시작했다. 더구나 싫다는 나에게 억지로 골프를 치게 해놓고는 처음으로 와이프까지 데리고 가는 골프이니, 기대가 클 것이다.

일기예보라는 게 사람을 우습게 만든다. 폭풍이 온다고 요란하게 경고를 해서 집안 유리창에 테이프를 붙여두고 잔뜩 대기하고 있었지만, 빗방울 좀 떨어지다 만 적도 있고, 갑자기 비바람에 나무가 뽑히고 온 동네 전기가 나가는 일을 겪기도 한다. 생명을 나뭇잎처럼 날려 보내는 태풍과 폭설과 천둥번개, 바싹 타들어가는 가뭄 앞에서는 그야말로 벌레보다 못한 인간이 겨우 골프 가는 일로 이러고 있는 것이 한심하다.

비가 온다던 목요일에 비가 오질 않자 남편은 더 초조하다.

'어허, 내일부터 또 비가 오는 걸로 나오네.'

드디어 골프 가는 날이다. 이른 아침부터 찌뿌드드하던 날씨가 갑자기 밝아진다. 두꺼운 구름 사이로 해가 나타나더니 다시 구름 속으로 들어간다. 부엌 창밖으로 초조하게 하늘을 바라보다가 불현듯 날씨를 툭 내려놓는다.

비가 안 오면 나는 모처럼 순종하는 아내가 될 터이니 이 아니 좋은가. 비가 와서 골프를 못 치게 된다면 남편은 하루종일 낮잠 자며 잘 쉬면 된다. 아침에 개이고 나중에 골프장에서 비가 내린다? '까짓거. 비 좀 맞지 뭐.' 무슨 큰일이라구. 며칠 간 얽매여 있다가 날아가는 기분이다.

바람 앞의 촛불 같은 인간이 어찌 날씨 타령까지 하랴.

온 가족 한국 나들이

온 가족이 한국을 가기로 했다. 직장 생활하는 아이들과 10년 만에 가는 남편이랑 다 같이 가는 거다. 이렇게 네 명이 다 같이 한국엘 가는 건 처음이다. 갑자기 감회가 수만 가지로 얽혀 든다.

미국 땅에서 한국인으로 아이 키우며 살아낸 이민 인생의 에필로그를 쓰는 것 같았다.

내 아이들이 한국에서 태어났다면 겪을 필요가 없는 일들로 마음 고생했던 것처럼, 부모라는 존재가 어딜 가나 우물쭈물하는 모습을 애들에게 보여주며 살았다는 겸연쩍은 마음이 늘 마음에 걸려있었다. 다시 돌이켜 봐도 별수 없는 일이다. 아이들이랑 한국에 갈 생각에 제일 먼저 떠오른 것이 한국에 가서 당당한 엄마 아빠의 모습을 애들에게 보여 주자였다.

지난 설날에 집에 온 애들이 베케이션을 한국으로 가고 싶다는 말을 꺼냈다. 초등학교 여름방학 때 갔다가 땀띠가 가득 나서 왔던 아들이 2년 전에 미국인 친구랑 한국으로 여행 갔다 오고 나서는 한국은 그저 엄마 아빠의 고향이라는 생각에서 달라진 모양이다. 강남스타일에 힘을 얻었는가? 아이들이 부쩍 한국에 관심을 갖는다. 몇 년 전에 회사 일로 며칠 한국을 다녀온 딸도 한국에 또 가고 싶다는 것이다. 내가 끼어들었다. 그럼 우리 다 같이 갈까? 했다. 속셈이 있는 발언이었다.

작년 가을에 어머니를 보러 갔다가 하루씩 더 늙어가는 어머니를 두고 오면서, 모든 일 제쳐두고 또 와야지 속으로 다짐하고 있던 차다. 웬만한 휴일도 없이 일하고 있는 남편을 생각하는 마음도 조금은 있었다. 한국 TV에서 전국 날씨 정보까지도 시청하는 남편은 결혼 생활 30년 간 딱 두 번 한국을 다녀왔다. 돌 하나로 새 여러 마리를 잡겠다는 마음이다.

다 같이 한국 가자라는 말에 남편은 "글쎄, 그럴까?" 하며 동의를 했고 아들은 덥기 전에 가자고 하고, 회사 일로 눈코 뜰 새 없는 딸도 베케이션 시즌을 피하자고 했다. 그렇다면 5월이다. 꽃도 보고, 님도 보고. 애들에게 이거 봐라. 너희 부모가 이렇게 말도 잘하고 어딜 가나 환영받는 사람이다를 보여줄 찬스가 왔다. 자신만만하게 앞장서서 서울 거리를 활보해야지.

애들은 한국에 가서 아침부터 밤까지 부모들이랑 얼굴을 맞대고 있을 것이 걱정인가 보다. 딴 호텔을 잡자고 한다. 디즈니랜드를 데리고 갈 때의 그 애들이 아니다. 남편은 그게 어디 될 말이냐며 아들이 호텔 포인트를 써주겠다는데도 방이 둘 있는 콘도를 얻자고 한다. 한국에 간 김에 일본도 구경하자는 애들, 언제 거기까지 가냐는 남편. 아직 짐도 싸지 않았지만 각자의 의견을 맞추고 타협을 해야 하는 우리 가족 왈가왈부가 연장이 되고 있다.

이 자리에서 내 주장은 절대로 피지 않는다. 친정어머니한테 어른이 다 된 아이들을 보여줄 일에 가슴이 부푼다. 우리 가족끼리만 질리도록 같이 다닐 수 있다는 일이 꿈만 같다.

이렇게 우리 가족의 고향 나들이가 정해졌다.

남편의 이번 여행 준비는 옷을 사는 일부터다. "그래도 좀 깨끗하게 하고 가야지." 10년 만에 보는 친구, 가족들에게 보일 자기 모습에 신경을 쓴다. 나는 동생들에게 줄 선물에 더 신경을 쓴다. 지금 중년 여성들이지만 내겐 미국으로 떠나버린 언니를 야속하게 생각했을 애틋하기만 한 어린 동생들이다.

애들이 외할아버지 산소에 가보고 싶다고 한다. 작년에 돌아가신 작은 할아버지 산소에도 가야겠다. 이모들, 고모들 양쪽에서 벌써부터 자기 집에서 식사하는 날짜를 잡자고 연락이 온다.

어제는 모자 쓰기 좋아하는 어머니에게 줄 차양 넓은 모자를 샀다. 물론 어머니가 좋아하는 미제 초콜릿도 샀다. 소풍 전날 밤하늘을 내다보던 그 마음이 된다.

허드슨 강변에 살자

허드슨 강을 궁여지책으로 들먹이면서 시작한 뉴욕 생활은 그때나 지금이나 허드슨 강 가를 맴돌고 있다. 서울에서 살 때는, 서울 한가운데를 흐르고 있는 한강을 자주 보지 못했지만, 뉴욕에서는 맨해튼 한쪽을 감싸고 있는 허드슨 강을 거의 매일 보면서 산다.

잠깐 어디를 가더라도 저만치에 늘 허드슨 강이 있다.

큰 집을 갈 때 타판지 브릿지로 허드슨 강을 건너고, 손님이 오면 허드슨 강 상류의 웨스트포인트를 간다. 뉴욕에 사는 이북사람들이 부벽루라고 부르는 워싱턴 다리 건너 뉴져지 쪽 허드슨 강변의 절벽과 히피들의 고장 우드스탁에 갔다가 들렀던 '소거티스(Saugutis)' 등대 마을까지. 일상생활에서부터 여가생활에까지 허드슨 강은 늘 내 옆에 있다.

그러나 지긋이 강가에 앉아 강바람을 맞는 한가로운 시간을 가져보지는 못했다. 철 따라 시시각각으로 아름다운 경치를 더해주는 이 강이 나에게는 차라리 온 힘으로 거슬러 올라가야 하는 거대한 물줄기였다는 것이 어울린다. 그야말로 알을 낳으러 상류로 헤엄쳐 가는 연어처럼 말이다.

언제 어디서나 조금은 어색하고 멋쩍어서 늘 주눅이 들어 있었기 때문일 것이다. 허드슨 강을 바라보며 속 시원하게 자신 있는 한국말로 "야, 참 좋다. 야, 시원하다." 하지를 못했던 것은.

허드슨이라는 멋들어진 강은 어쨌거나 나의 강이 아니었다. 국립묘지로 소풍을 갈 때 버스 차창 밖을 내다보며 흩날리는 머리카락만큼이나 설레며 건너던 한강도 아니었고, 여학생 수영장이 있던 정릉 골짜기 맑은 시냇물도 아니며 대학교 때 남녀가 어울려서 교외선 타고 간 시골 마을에서 치마 걷어들고 발 담그며 놀던 그런 정다운 강물이 아니었다. 김소월이 넓고 넓은 대동강물을 바라보면서도 반짝이는 금모래와 갈대 잎 소리가 있는 강변에 살자고 목이 메었던 것은 나와 같은 심정이었을 것이다. 아무래도 정을 들이지 못하는 삶의 자리 때문이었을 것이다.

강을 젖줄기라고 했다.

이 거대한 도시 속에서 이만큼 살아낸 것은 어쩌면 허드슨 강이 내 곁에서 젖줄이 되어 주었기 때문일 것이라는 생각이

든다. 말없이 흐르는 허드슨 강물이 메말라 가는 나의 마음을 적셔 주었던가 보다.

엄마야 누나야 강변 살자. 허드슨 강에서 한 소리가 들린다. 귀를 의심한다. 아니다. 강물에서가 아니라 내 마음에서 흘러나오는 소리일 것이다.

웨스트사이드 강변에 있는 '페어웨이' 슈퍼마켓에 들렀을 때 일부러 강가로 걸어 내려가 보았다. 가슴 가득 바람을 들이키며, 거세게 들척이는 물결 위에 가만히 떠 있는 하얀 돛을 단 배들을 바라본다. 건너편 뉴저지 강둑도 희뿌옇게 보인다.

내가 살던 142가 낡디낡은 건물 사이로 한 뼘 정도 보이던 파아란 허드슨 강이 분명히 내게는 한 줄기 희망이었다.

그래. 허드슨 강변에 살자.

엄마야 누나야. 강변 살자.

어웨이크닝(awakening)

케이트 쇼팽이란 이름을 처음 들었다.

플라톤에서부터 셰익스피어를 거쳐 윌리암 포크너 등 클래식 소설을 주로 다뤄 오고 있는 북클럽에서 이번에 선택한 책이 미국 소설가 케이트 쇼팽이 1899년에 발표한 「어웨이크닝」이다.

이 소설은 악평을 받았다고 한다. 주인공 여성이 보통 가정의 정숙한 부인으로서는 생각할 수 없는 자유를 찾아 나섰기 때문이다. 노라가 집을 뛰쳐나갔다는 이유로 연극 공연까지 취소되었던 '인형의 집' 이후 아마도 미국에서는 처음으로 여자가 남자의 인형노릇에서 벗어난 이야기였는가 보다. 그때 웬만큼 작가로서 알려져 있던 케이트 쇼팽은 그 소설로 인해 출판계에서 외면을 당했고 5년 후에는 54세로 세상을 떠난다.

잊혀졌던 「어웨이크닝」이 1970년대에 여성의 각성을 불러일으키며 페미니스트들에게 필독서가 되었다. PBS방송이 '재각성(RE-Awakening)'이란 타이틀로 케이트 쇼팽의 자전적 다큐멘터리를 제작하기도 했다.

북클럽의 선생님인 뉴욕 시립대학 영문학 교수는 이 책을 대학 1학년 때 과제로 읽었다면서 20대인 그때 여자로서의 삶에 대해 뭘 안다고 숙제까지 써냈었는지 모르겠다고 했다. 대부분이 중후한 나이의 여성들인 북클럽 멤버들은 이구동성으로 가정에서부터의 남녀 불평등을 털어 놓았고, 그런가하면 오히려 한국의 많은 젊은 여자들이 커리어를 갖기보다는 돈 많은 남자에게 시집가는 것이 목적이라서 한심하다는 이야기들을 했다.

할 수 없이 인형으로 사는 것하고 자진해서 새장 속으로 들어가는 것은 전혀 다른 이야기이지만, 결국은 인형이라는 것에서는 동일하다. 인형은 뭔가. 인간의 형태를 한 장난감이다. 진짜 인형에도 남자보다는 여자인형이 많은 것도 페미니스트들이 다뤄야 할 이슈가 아닐까.

그러나 자신이 인형이라는 것을 깨닫는 사람도 드믈다. 이조시대가 아니라도 스스로가 '여자는 이렇게 살아야 한다.'라고 정해놓고 잘 꾸며진 인형의 삶에 만족하는 한국 여자들이 꽤 많다.

소설 「어웨이크닝」 속의 남편 폰틀리에 씨는 아내를 자신이 누리고 있는 온갖 귀중한 가구나 물품의 하나로 여긴다.

남에게 자랑할 수 있어야 하기 때문에 돌보고 아끼는 것이다. 그러니까 예쁘게 잘 차려입고 애들 잘 키워주고 사교적인 와이프로서 자신의 사회적 위치를 멋지게 자리매김해야 하는 것이다. 자고로 남편들이 아내에게 큰 사이즈의 다이아몬드 반지나 밍크코트를 사주는 이면에는 은근히 그것으로 자기의 재력을 나타내는 심리가 들어있다고 한다.

하지만 소설을 읽다보면 케이트 쇼팽이 외친 건 여자는 남자의 종속물이 아니니까 그 속에서 나오라는 것이 아니다. 제목이 어웨이크닝이다. 즉 각성(覺醒), 깨달을 각에 깰 성이다. 주인공이 하나의 독립된 인간으로서의 자신의 가치를 깨달아 깨어난다는 이야기인 것이다. 남녀평등을 말하는 것이 아니다.

까마득한 원시시대 언젠가에 모계사회가 있었다고 배웠다. 그것이 무슨 이유로 끊어져 버렸는지 모르지만 창세기부터 이 세상은 남자 위주로 돌아가고 있다. 지난 100년도 안 된 짧은 역사 속에 여성의 위치가 변해온 것은 사실이다. 그러나 앞으로 100년 세월이 더 걸리면 남녀가 완전 평등한 사회가 될까. 이 세상에 과연 남녀평등이라는 것이 존재할는지.

두 아이를 둔 젊은 주부인 에드나 폰티엘리는 바닷가 피서지에서 아주 평범한 일로 한 남자에게 관심을 쏟으면서 문득 이 세상과 자신과의 관계에 대해 생각하게 된다. 그렇게 해서 가식이 없는 자신의 순수한 감정에 눈을 뜬다. 그 느낌이 무엇인지를 몰라 울면서 밤을 새우는 것에서부터 그 외간 남자를 서슴없이 만나고 또 그 남자와 헤어지고 나서 오랫동안 묵혀 두었던 스케치북을 꺼내 그림을 그리기까지, 남편에게 소속된 인간에서부터 독립된 자신을 의식해 나간다. 케이트 쇼팽은 28세인 에드나의 각성을 "어느 여성들에게나 내려주시는 성령의 은혜로우신 지혜보다 훨씬 더 지혜로운 것이다."라는 구절로 묘사하고 있다.

다시 생각해봐도 작가가 독자들에게 반복해서 속삭이는 것은 '각성하라'는 것이다. '나'라고 하는 존재를 귀중하게 여기라는 것이다. 작가가 여성이었으므로 당연히 소설의 주인공이 여자가 되었을 뿐이다. 여자 주인공을 두고 사회가 과민반응을 보낸 건 케이트가 좀 일찍 태어난 불행이었다.

그렇다면 과연 나는 나의 존재에 대해 깨우쳤을까.

100년 전 미국 남부 부자들의 일상적인 이야기를 읽으면서 인생 황혼기를 맞는 미국이민 한국 여자인 나 자신을 생각해 본다. 이미 촘촘하게 정해져 있는 잣대 위에다 나를 맞추느라 애를 쓰다가 잘 안되면, 그래도 이만큼 잘 쫓아가고 있잖아. 뭐 사람 사는 일이 다 이렇지…라면서 모든 것을 합리화하는 내 모습이 보인다. 살기에 바빠서 진정한 내 자신은 찾아볼 생각조차도 못한다.

불행으로 끝나는 소설의 주인공 에드나는 적어도 생애 처음으로 '자유'의 느낌을 누린다. 1899년에는 여자가 이렇게 잠시나마 자유의 느낌을 맛본 것을 탓했던 것이다. 지금은 누구도 여자들이 자유롭지 않다고 말할 수 없다.

그렇다면 과연 나는 진정한 자유를 누려봤을까?

작가 자신이 속해 있던 그 당시 뉴올리언즈 부유층들의 나른하기 만한 판에 박힌 일상에서 소설을 통해 겹겹이 쌓인 고정 관념들을 벗어낸 작가의 당당한 모습에 박수를 보낸다.

'너 자신을 알라.' 지혜의 말씀이 고대로부터 존재하고 있다. 그러나 아직도 그저 말씀일 뿐이다. 지금이라도 다시 내 자신을 찾아보는 재 각성이 시급하다.

짧은 시간을 살았던 케이트 쇼팽이 흘리고 간 한마디 '어웨이크닝'이 맥없이 잠들었던 나를 일깨워 준다.

맨해튼 상경

저렇게 많은 방 중에 내 방 하나가 없단 말인가. 하늘 높이 솟은 빌딩의 창문 수는 갠지스 강의 모래만큼이나 많고 밤이면 빌딩의 불빛이 은하수처럼 영롱이 흐른다.

맨해튼은 나의 이상향이다. 무릉도원이며 에덴동산이다. 하지만 아틀랜틱 바다 속의 아틀랜티스인가 아련하기만 하다.

무작정 상경으로 뉴욕에 오자마자 원숙이와 함께 57가에서부터 5 에브뉴를 따라 월드 트레이드 센터까지 걸었다. 버그도프 굿맨 백화점에서 립스틱을 발라보고, 디스카운트 스토어 ODD JOB에서 1달러짜리 스카프를 하나씩 사 두르고 차이나타운에 가서 피넛 소스의 국수를 먹었다.

"이거 봐 맨해튼이 고구마 같이 생겼지. 남북으로 길게 난 길은 에브뉴, 동서로 난 길은 스트릿이야."

나는 거의 매일 십자수를 놓는 것처럼 맨해튼 한 블록 한 블록씩을 돌아다녔다. 뮤지움과 갤러리, 백화점과 부티크와 도매상과 꽃시장, 핫 독 스탠드와 피자와 베이글. 화가 변종곤 씨의 팔뚝을 부여잡고 걸었던 대낮에도 음산한 할렘의 모닝 사이드 거리. 한 블록마다 다른 세상이 벌어지고 있다. 한국에서 상상했던 미국이 아니었다.

파슨스 스쿨 입학원서를 내러갔을 때 뉴욕이 어떠냐는 접수원의 물음에 문득 '컨퓨전(confusion)'이라고 답했다. 그러자 그는 '그러면 그렇지.' 하듯이 웃었다. 그 당시 나의 생활은 그 혼동을 하나씩 헤쳐가는 작업이었다. 스트릿과 에브뉴가 내 눈에 익어갈 무렵 맨해튼을 떠났다. 그때는 몰랐다. 내가 맨해튼을 좋아한 줄을.

답답했던 한국에서부터 확 놓여난 자유함을 누렸던 까닭일까. 아니면 한껏 누려보지도 못하고 더 답답한 세상으로 들어간 못다 한 아쉬움일 수 있다. 시간이 갈수록 이스트사이드 웨스트사이드 업타운 다운타운 구석구석에 향수가 쌓이기 시작했다.

요즈음도 맨해튼을 갈 때마다 항상 짝사랑하는 사람을 만나는 기분에 휩싸인다. 내가 그토록 좋아하지만 그는 나에게 전혀 관심을 보이지 않는다.

그랜드센트럴 역에서 거리로 나서자마자 눈앞을 가로막는 빌딩, 자동차로 꽉 메워진 거리와 프렛즐 굽는 냄새 속으로 왠지 좀 외롭게 들어선다. 내가 한없이 작아진다. 누구도 나에게 시선을 주지 않는 바로 그 무관심인가 보다. 내가 맨해튼을 좋아하는 이유가.

나를 내버려 둬 주는 친절한 무관심이다. 눈치를 주는 사람도 없고 그 눈치를 내가 알아채야 하는 일도 없다. 누구나가 거리낌 없이 아무 제약없이 자기 자신이 될 수 있는 지상의 낙원 맨해튼이다.

내 아이들이 각각 방 한 칸씩을 마련하고 살고 있는 맨해튼. 딸은 센트럴 파크와 뮤지움이 가까운 어퍼 이스트사이드에, 아들은 젊은이들이 좋아하는 로워 이스트사이드에. 그 근처 어딘가에 대서양 건너 날아 온 철새가 편안하게 눈을 붙일 수 있는 둥지 같은 '내 방이 하나 있다면.' 막연하게 빌딩의 숲을 바라본다.

언젠가는 저곳으로 재 상경하리라며 날개를 퍼덕인다.

자화상

수필은 자화상이다.

거울에 비친 자기 얼굴과도 같은 자화상이다. 내가 쓴 글자 하나하나에서 내 얼굴을 피할 수 없다.

어느 날 사진을 보고 '이게 나란 말인가?' 깜짝 놀라듯이 내가 쓴 글이 낯설기만 할 때가 있다. 엉뚱한 말이 쓰여 있고 어설프기만 하다. 그러나 구구절절 내 모습이 서려있음을 부인할 수 없다.

마당에 돋은 잡풀에서부터 우주 끝까지 내가 쓴 모든 것이 나를 그대로 드러내고 있다. 슬쩍슬쩍 붓 터치한 현대회화가 아니라 가느다란 붓으로 세세하게 묘사한 중세기 사실화와 같은 내 얼굴이 보인다. 아아, 나도 모르게 내가 그려낸 나의 생김생김이다.

수필을 청자 연적이라 했지만 이조시대 선비가 쓰던 연적이 내게는 와 닿지가 않았다. 수필을 학이라든가 몸매가 고운 날씬한 여성이라고 한 것도 나하고는 거리가 멀었다. 수필은 붓 가는 대로 쓴다고 했던가? 나에게는 그렇지가 않았다. 한 구절마다 구구절절 내 마음이 붓을 잡아 당겼다.

다시 생각해봐도 수필을 자화상이라고 부르고 싶다. 무서운 할아버지 같은 미켈란젤로의 자화상서부터 귀에 붕대를 감은 고호, 심장에서 피가 흐르는 프리다 칼로… 자기가 그린 자기 얼굴이고 자기의 모습이다. 하나도 아름답지 않고 오히려 이상한 표정들이다. 남의 초상화는 실물보다 더 잘 그려도 자기 얼굴은 있는 그대로 그린다. 눈에 보이지 않는 것까지도 표현하고 싶은 것이다.

왜 그렇게 많은 화가들이 자기 얼굴을 그렸을까? 모델이 없어서는 아니다. 고호는 2000개의 자화상을 그렸다고 한다. 나르시스의 후예들이기 때문일까? 아니 나르시스는 물에 비친 자기를 몰라보지 않았는가. 화가들은 자기 얼굴을 안다. 잘 알면서도 자기 얼굴을 노려보고 있다. 과연 나는 어떻게 생겼을까 나는 어떤 모습을 한 인간일까… 갈팡질팡 하는 삶 속에서 진짜 나는 누굴까. 과연 나는 잘 살고 있는 걸까.

수필은 어쩌면 자신에게 대한 불만을, 때로는 그런 자신에게 대한 연민을 한숨처럼 뿜어내고 있는 것이다. 어쩌면 자기 합리화이다. 그러나 한 가지 분명한 것은 내가 내 모습을 만들어냈다는 것이다. 15세기 화가 얀 반 에이크는 자화상에다 '1433년 10월 21일, 얀 반 에이크가 나를 제작했다.'고 사인 대신 적어 놓았다. 그렇다. 노려가 나를 제작했다. 마음에 안 드는 얼굴이지만 나의 창조물이라고 위로를 해본다.

내가 살아 왔고 살고 있는 공간을 새삼스럽게 둘러보면서 자판기를 두드린다. 흔들리는 생각과 출렁이는 마음을 적는다. 글자로 내 얼굴이 만들어진다. 이것이 나였던가. 궁색한 변명으로 윤동주 씨를 찾아간다. '한 사나이' 대신 '한 여자' 나를 넣어 본다.

산모퉁이를 돌아 논가 외딴 우물을 홀로 찾아가선
가만히 들여다봅니다.
우물 속에는 달이 밝고 구름이 흐르고 하늘이
펼치고 파아란 바람이 불고 가을이 있습니다.
그리고 한 여자가 있습니다.
어쩐지 그 여자가 미워져 돌아갑니다.
돌아가다 생각하니 그 여자가 가엾어집니다.
도로 가 들여다보니 그 여자는 그대로 있습니다.
다시 그 여자가 미워져 돌아갑니다.
돌아가다 생각하니 그 여자가 그리워집니다.
우물 속에는 달이 밝고 구름이 흐르고 하늘이
펼치고 파아란 바람이 불고 가을이 있고
추억처럼 여자가 있습니다.

수필을 쓰면서 문득 한 여자를 만나고 그 여자가 지겨워져서 외면해 보지만 그래도 그리워서 다시 돌이켜 그 여자, 즉 '나'를 찾는다. 나는 나 없이 살 수가 없기 때문이다. 나를 찾아보기 위해 또 쓰고 다시 쓰고 포기했다가 또 다시 쓴다.

수필은 나의 속마음을 그대로 그려낸 자화상이다.

Locking Eyes with Columbus

There I was, grazing my hand along the robe of Christopher Columbus.

My children had suggested that for my birthday we meet for dinner in Manhattan. That sounded like any other birthday; shouldn't we do something special? That's what I wanted to say, at least.

I didn't need a banquet in my honor, but it felt like my 60 years, which had passed in ebbs and flows like wind and waves, should be marked with something special. And they were, because I met Columbus.

While New York City was celebrating the 120th anniversary of it Columbus statue, I celebrated my own milestone.

The southwest corner of Central Park is known as Columbus Circle because of this statue. Even Mayor Michael Bloomberg, who lived in New York for five decades, confessed that he had rarely ever looked up at it. Most New Yorkers would probably say the same thing. In the countless times that I passed through the busy intersection, I never felt the urge to stop and consider the figure in the middle. I just lumped it in with all the other statues around the city.

This statue, that so many people had ignored, became the subject of sudden interest because of Tatsu Nishi, the Japanese artist who created the installation called "Discovering Columbus."

After standing up high for over 100 years – in the snow, rain and wind – Mr. Columbus for the first time found himself in a warm home, a cozy living room. Once lonely atop his towering column, he was now being continuously sought out by visitors. Even after purchasing our tickets online, we had to endure a long, snaking line before climbing the temporary stairs and entering the room Nishi had built.

With a coffee table covered in magazines, a plush sofa, and a television set, it was like any other American living room. But in the center of it stood Columbus, enormous and proud — a truly extraordinary sight.

Paying no attention to the people crowding his room, Columbus stared into the distance. Can you see the land on the far end of ocean? As I approached closer, I noticed the sharp gaze of his eyes puncturing his concrete expression.

Those eyes discovered America.

Columbus landed on these shores in 1492. Almost 500 years later, in 1982, I landed in New York. In 1952, 60 years after the statue of Columbus was erected, I was born, and today, exactly 60 years later, I was standing in front of him.

When I rested my hand on his robe, I sensed through my fingers that this was a new land for us both. And, in a way, it was thanks to him that I was able to be here. Because I was born in the same season as Columbus Day, I was able to view this exhibition on my birthday. Nishi, it turned out, was the same age as me.

These connections felt predestined.

After descending the stairs, we walked across the street to have dinner at an Italian restaurant inside the Time Warner Center. Sitting there, we could still see the lights in Columbus' living room outside. It felt grander than receiving bows at a traditional banquet table.

To me, Columbus is no longer just a gray statue. He and I are now acquaintances. Though I doubt I will look into his piercing eyes again, we will always be connected. Now, whenever I pass through Columbus Circle, I lift my eyes to see him. He is still staring at the land on the far end of the ocean. What are you looking for? If not for you, would I be here now?

I look up with a glint in my eye.

・번역: 계인준(Andrew Keh)

노려(盧麗)의 인생 취재, 이민 취재

-『그랜드 센트럴 역에서 달리기』에 부쳐

박양근

(문학평론가 · 부경대 교수)

허드슨 강변의 '한 여자로'

노려 작가의 수필은 자화상이다. 뉴욕에 뿌리를 내린 지 33년 만에 상재한 첫 수필집은 나상(裸像)과 나성(裸聲)의 초상화라 할 만하다. "내가 나에게 들려주는 나의 이야기"라고 말하는 그녀의 수필은 미사여구를 뺀 간결한 칼럼식 문장으로 "난 3인칭 화자다"라는 독립적인 목소리를 전해준다.

수필 화자로서 노려는 "마음속에 묻어놓은 이야기"를 기탄없이 토로하고 싶다. 뉴욕 한국일보 문화부 기자로 근무하는 동안 글의 진실성에 목숨을 걸었다. "그냥 한 번 웃어보자"는 까꿍글을 외면하고 글을 파되 "슬그머니 자신을 엮어 놓는" 취재식 글쓰기를 따랐다. 지방대 공예과 교수직을 뒤로 하고 뉴욕으로 건너가 벼락 결혼을 하고 『한국수필』에 등단한 뒤 칼럼니스트로서 활동하고 있다. 그동안 변하지 않은 것은 글의 진정성만이 이민의 숨은 노정을 펼칠 수 있으리라는 그녀의 믿음이다.

수필집 『그랜드 센트럴 역에서 달리기』는 5부로 구성되어 있다. 게재된 작품들은 신문기자의 경륜이 묻어나는 문체와 현장감을 지닌 소재로 이루어져 있다. 「내 이름 노려」에 정리된 그녀의 이민 일화를 엮으면 자신의 말처럼 "노려"라는 이름과 인생역정이 맞물려진다. "째려봐, 뭘 노려"라는 별명 같은 이름이 기역자 하나 더 붙인 피나는 '노력'으로 바뀌고 다시 리오데자네이로의 '아름다운 빛'을 뜻하는 "오 리오!"로 변한다. 무엇보다 완벽에 가까운 한글 구사력이 그녀의 수필을 "희귀한 경험이라는 구슬로 끼워 만든 수필집"이 되게 하였다.

노려는 "한 여자의 얼굴"을 그렸다. 윤동주 시인이 「자화상」에서 '한 사나이'를 등장시켰다면 노려의 수필은 '한 여자'를 무대에 내세운다. 그 여자는 남의 이야기를 듣고 싶어하는 독자의 눈앞에서 군더더기 없이 이민정착에 숨은 갖가지 사연을 전해준다. 보통 수필이 작가가 제 목에 걸고 다니는 목걸이라면 좋은 수필은 독자의 목에 작가가 걸어주는 목걸이가 아닌가. 노려의 이민 수필이 "파란 하늘이 얹힌 외딴 우물가" 같은 순수를 지닌 수필로 평가될 수 있는 까닭은 "한 여자"가 바로 뉴욕에 둥지를 튼 노려의 분신이기 때문이다.

자신을 취재하는 마음 여정

노려는 항상 남에 대하여 이야기했다. 1987년부터 뉴욕 교포들을 취재하면서 "신문과 잡지에 실리는 사람들은 나름의 힘들고 외로운 긴 시간"을 보냈음을 알게 된다. 자신의 삶을 활자화하려면 극적인 사연을 가져야 한다고 여긴 노려는 취재 기사를 자판기에 두드릴 때마다 자신을 말하고 싶은 욕망을 억제하지 못하였다. 그런데 수필에서는 자신을 취재하고 기사화할 수 있다. 노려는 그 장르에 의탁하여 화장하지 않은 민낯의 삶을 내세우기로 마음을 먹었다.

> 이제 내 이야기를 하려니까 좋기도 하고 걱정도 된다. 내 얘기는 소설 몇 편감이 결코 아니다. 이역만리 타향살이에 소설감이 더 구구절절할 만도 한데 내게는 그런 이야기 거리가 없다. 언제나 적당한 선에서 중간 지점을 유지하느라 애를 쓰긴 했어도 놀랍고 감동스런 드라마는 없다. 그럼에도 딴 얘기를 쓸 마음은 없다. 부득부득 내 이야기를 하고 싶다.
>
> -「남 얘기 내 얘기」 일부

노려가 짐짓 평이한 인생이라고 비켜나면서도 "딴 얘기는 쓸 수 없다."고 결심하는 순간 고백의 말문이 터진다. 60여 년간 엉킨 갖가지 사연이 기억의 강을 따르기 위해서 그냥 "컴퓨터 자판기를 두드리기만 하면 되었다." 자동기술법과 의식의 흐름이라는 고도로 훈련된 글쓰기가 그녀의 수필 작법과 주제를 명료하게 해준다는 점에서 「남 얘기 내 얘기」는 수필집의 프롤로그로 자리하고 있다.

중국 여배우 '리리화(李麗華)'에서 따온 '노려'라는 이름이 남다르게 살아야 한다는 암시를 던진다면 「그림 그리기」는 그림으로 인생을 되새김 해준다. 어린 시절 그녀는 밖에 나가는 대신에 스케치북에 크레용 그림을 그렸다. 여학교 때 미화부장, 청춘기에 미술 대학생, 졸업 후 조경회사 디자이너, 지방대학 공예학과 교수직을 거치면서 그림이 르느아르의 화풍을 닮았다는 칭찬을 받기도 했다. "누런 전등 아래서 누런 시험지에 그림을 그렸던" 추억은 "뭐든지 그리고, 뭐든지 잘 그릴 수 있을 것 같다"는 자기 신뢰로 이어지면서 육화된 욕망은 60여 년 동안 휴면을 지켜온다.

노려의 뉴욕 정착 이야기는 여러 이미지를 통해 전달된다. 한 송이 빨간 튜울립, 콜럼버스 동상, 그리고 허드슨 강과 지하철 대합실은 그녀의 내적 외적 희비를 형상화해준다. 친구이며 화가인 김원숙이 작가를 맨해튼의 방으로 안내했을 때 "우윳빛 레이스 커튼 앞에 놓인 빨간 튜울립 한 송이"를 감격적으로 대면한다. 낡은 4층 방을 화사하게 비추는 튤립은 새 삶을 시작하기 위해 필요한 것은 정직과 열정과 삶에 대한 순수임을 알려주는 상징이다. 「흰 테두리의 빨간 튤립」은 지금도 기억하는 142번가와 더불어 "방다운 방"이 없었던 시절의 낭만도 함께 드러낸다. 노려가 뉴요커로 변하기 위해 세계의 중심지인 뉴욕거리를 달리고 레귤러 아메리칸 커피에 익숙해진 과정을 알려면 「맨해튼 냄새」, 「카푸치노와 피칸파이」를 읽을 필요가 있다.

콜럼버스와 허드슨 강은 이민자들에게 신대륙이 의미를 지닌다. 뉴욕 한복판에 서 있는 콜럼버스 동상은 신천지에 발을 디딘 작가의 이형동체이므로 "콜럼버스의 눈"과 마주쳤을 때 "이 사람 덕분에 내가 뉴욕에 왔다"는 옷자락 인연을 새삼 깨닫는다. 인연이란 말에는 지금부터 동양적인 순리보다 도전, 모험, 용기라는 서구적인 가치관을 따라야 한다는 점을 암시한다. 「반대로 흐르는 강」은 행동과 생각을 양쪽으로 흘려보내는 연습을 해야겠다는 각오를 보여주는 점에서 「맨해튼 냄새」와 짝을 이룬다.

이민자로서 노려의 원형질은 무엇보다 "달리기"에 집중된다. 한국에 살 때와 달리 뉴욕에 발을 디딘 후 그녀는 톰 존스의 'Keep On Running'의 가사처럼 달리기 인생을 살았다. 「그랜드 센트럴 역에서 달리기」라는 표제를 지닌 수필이 그녀의 인생을 압축하여 보여준다.

그랜드 센트럴 대합실에서 뛰는 일은 나의 전문 특기였다. 결혼 초 기차를 타고 맨해튼 32가에 있던 신문사를 다닐 때부터이다. 남편이 동네 기차역으로 데려가 주고 마중을 오고 했던 그 때, 거의 매일 기차 시간에 맞추어 뛰곤 했다. 나중에 다섯 살 세 살 두 아이를 두고 롱아일랜드 시티에 있는 신문사를 다닐 때에는 명실 공히 '뛰는 인생'을 살았다. 퇴근 시간에 전철 하나를 놓치면 그랜드 센트럴에서 기차를 하나 놓치는 것이고, 그러면 아이들이 학교 마당에서 울고 서 있는 것이 된다. 땀을 뻘뻘 흘리며 개찰구로 뛰어 드는 순간에 눈앞에서 미끄러지듯 떠나가는 기차를 바라보기를 몇 번이나 했는지 모른다.

-「그랜드 센트럴 역에서 달리기」 일부

노려는 다른 방법이 없어서 뛰었다. 기사를 취재하기 위해, 어린 자식을 픽업하기 위해, 마트에 들리기 위해 뛰어야 했다. 우아한 걸음걸이를 포기한 그녀에게 주어진 단 하나의 철학은 "뛰는 것이 사는 것"이었다. 걷는 것이 식물적 안주를 뜻한다면 뛰는 것은 동물적 역동성을 의미한다. 행동을 중시하게 된 그녀의 체질은 고스란히 딸에게 전달되어 두 모녀는 달리기 가족의 축을 이루었다. "딸의 손에 이끌려 휘청거리며" 뛸 때면 흐르는 감격의 눈물을 숨기지 않는다. 눈물이란 노려에게는 슬픈 이름이 아니라 치열한 삶을 달려왔다는 자랑스런 생의 목걸이이므로 그녀의 열정은 나이를 먹지 않는다.

그녀에게 뉴욕은 갖가지 상징으로 가득 차 있다. 빨간 튜울립 한 송이, 레귤러 아메리칸 커피, 양쪽으로 흐르는 허드슨 강과 더불어 등땀을 흘리는 달리기는 작가의 인생을 설명하는 아이콘들이다. 하지만 작가는 처연하고 가슴 아픈 좌절의 시간은 행간 사이에 숨긴다. 인생을 있는 그대로 드러내는 것보다 때로는 침묵이 삶의 진정성을 더 깊게 해준다. 자신에 대한 인생 취재기가 영혼을 곰삭여주는 마음여행이 된 이유가 여기에 있다.

다문화 사회에서 한 그루 나무로

미국에 이민 온 사람이 겪는 문화 충격은 불가피하다. 단일 문화권에서 살아온 한국인에게 언어, 음식 제도에 관한 백색 문화는 훨씬 심각하게 다가온다. 출근길 지하철에서 시작하여 하루하루의 모험은 크고 작은 상처를 남기기 마련이다. 이민자의 고단한 삶을 "달리기"라는 석 자로 표현했던 것처럼 노려는 문화 충격의 당사자가 아니라 다양성을 검증하는 안목을 갖게 된다.

아메리칸 드림은 노력하는 사람에게 성공의 문이 열린다는 비전을 의미한다. 열린사회는 자수성가형 인간을 존경하고 인격적 평등을 존중한다. 거리 청소부로부터 백악관 주인에 이르기까지 Mr. Miss. Mrs라는 호칭이 공통적으로 사용된다. 「대통령과 세탁소 아저씨」는 클린턴 전대통령과 한국인 세탁소 주인과의 격의 없는 신뢰를 소재로 삼아 계급과 인종을 넘나드는 미국다운 인간관계를 소개해 준다. "클린턴 대통령이 내 앞에서 양복을 입고 벗고 했다."라는 문장은 특종기사의 제목으로도 손색이 없다. 체중을 걱정하는 평민 대통령과 성실한 한국인 세탁소 주인과의 일화는 검소와 절약과 약속을 중시하는 미국사회를 반영한다는 점에서 다문화에세이로 간주할 수 있다.

그녀는 이민생활 뿐만 아니라 교육, 여성 활동, 성차별 문제도 빠뜨리지 않는다. 자녀교육에 관한 이민 부모들의 관심을 다룬 「애플 바이트」는 한국식 교육과 미국교육의 장단점을 비교한 교육에세이이다. 한국에 살고 있는 아이들이 빽빽한 학습 스케줄에 휘둘리고 있는 반면에 자신의 아이들은 스스로 학습 계획을 꾸려간다고 설명한다. 부모가 자식을 이해하고 격려해야 한다는 평범한 사실을 "나의 애플 바이트 교육 일기는 해피엔딩"이 되었다는 사례로 입증한다.

노려는 신문기자이지만 여자라는 이유로 가끔 보이지 않는 제약을 받았음을 부인하지 않는다. 힐러리조차 성적 차별을 느꼈다는 「힐러리와 나」, 미국 최초의 유색 대통령을 열성으로 후원한 마음을 담아낸 「오바마 마마」 등은 여성으로서의 미국에서 살아낸 삶의 과정을 생생하게 전달한다. 케이트 쇼팽의 단편 제목에서 빌려온 「어웨이크닝」은 여성의 주체적 깨침을 주제로 한 여성주의 수필이다. 여성은 더 이상 가정의 인형이 아니라 세상과 관계하는 인격체임을 밝히면서 작가가 절감한 것은 "끊임없이 각성하라"는 내적 울림이라고 전해준다.

> 다시 생각해봐도 작가가 독자들에게 반복해서 속삭이는 것은 '각성하라.'는 것이다. '나'라고 하는 존재를 귀중하게 여기라는 것이다. 작가가 여성이었으므로 당연히 소설의 주인공이 여자가 되었을 뿐이다. 여자 주인공을 두고 사회가 과민 반응을 보낸 건 케이트가 좀 일찍 태어난 불행이었다.
>
> 그렇다면 과연 나는 나의 존재에 대해 깨우쳤을까.
>
> -「어웨이크닝」 일부

만일 작가가 한국에서 대학교수에 안주하였다면 『인형의 집』 노라에 그쳐버렸을지 모른다. 하지만 개인의 능력과 인격을 존중하는 미국사회에서 "오, 리오!"라는 "아름다운 빛"을 발산하는 여성이 됨으로써 자신에 대한 글을 쓰게 된 것이다.

그녀는 어느덧 인생의 주역에서 물러나 관객으로 바뀌고 있다. 흰머리를 염색하는 「눈 가리고 아옹」, 약처방전을 받아들고 병원을 나서는 「사람이 살면 얼마나」, 주름진 얼굴을 화장으로 숨기려는 「얼굴」에는 달리기를 한 후 안식을 원하는 모습이 오롯하게 담겨 있다. 「뿌린 대로 거두리라」에서는 팍팍한 일상에서 벗어나 "마당이 있는 옛집"을 가꾸며 "뿌린 대로 거두고, 콩 심은데 콩이 난다."는 귀토정신을 구현시켜 준다.

나무 한 그루를 제재로 한 「숲 속 나무 하나」는 달관의 심경과 선적인 분위기가 넘쳐나는 수작이다. 미국은 얼핏 "태평양 건너 멀리 있는 멋진 숲"으로 보였지만 직접 발을 디딘 미국은 "덩굴을 헤쳐 나가야 하는 끝 모를 정글"이었다. 정글 같은 경쟁사회를 거치는 동안 작가가 깨친 것은 인간은 미약한 존재에 불과하다는 것이다.

> 오랫동안 같은 길을 지나다 보니 한 덩어리로 보이던 숲 속에서 그나마 어떤 나무는 알아보기도 한다. '글쎄, 좀 커진 것 같네.' 겨울이면 그 동안 감추어져 있던 숲 속이 드러나 보여서 가로로 쓰러진 나무들을 본다. '언젠가 썩어서 거름이 되겠군.' 온통 흰 눈에 덮힌 … 숲의 광경은 환상이다. 그러다가 어느 날은 늘어진 버드나무 가지에 보일 듯 말듯 연두빛 물이 오르는 걸 눈치채면서 '아 또 한 바퀴 세상이 돌아가겠군.' 한다.… 나는 어디에 있을까? 내 나무는 저 뒤쪽에 숨은 저것일가? 하. 꿈도 크다. 덤풀 사이에 섞인 풀 한 포기일 수도 있다. 피식 웃는다. '안 보이면 어때.'
>
> -「숲 속 나무 하나」 일부

숲과 인생을 비교하는 은유가 계절의 순환을 바탕으로 전개

된다. '글쎄, 좀 커진 것 같네', '언젠가 썩어서 거름이 되겠군', '아 또 한 바퀴 세상이 돌아가겠군' 그리고 '안 보이면 어때'로 이어지는 아포리즘은 작가의 맑고 진실한 인생관을 보여준다. 인간의 도리는 신의 말씀대로 "보기에 좋았더라"는 숲을 이루기 위해 한 그루의 나무로 서는 것이다. 이 각성은 작가가 살아온 인생의 클라이맥스로서 하루하루 힘들게 살아가는 교포들에게 용기와 위로를 전해주는 진실 그 자체이다. 자신의 인생록을 남의 전기처럼 그려내는 필법이야말로 '인간 바로잡기'의 진실한 가르침이라 할 만하다.

미국 밖으로, 한국 안으로

인간은 흙에서 태어나 흙으로 돌아간다. 홀로 뉴욕으로 건너온 노려는 모천회귀에서 벗어날 수 없다. 노마드의 유목성과 귀소본능을 따르는 작가는 세계 지도 위에 여행자로서 발자국을 찍는 한편 노령의 어머니가 살고 있는 서울로 종종 찾아든다.

그녀에게 유럽여행은 문인과 예술가들의 흔적을 찾아나서는 순례로 자리한다. 「에드가 알란 포우다운 스토리」, 「무소부재 GPS 여행」, 「뮤지움 데이」 「초원의 빛이여」는 숨어있던 예술적 끼가 조금씩 생육하기 시작하는 작품들이다. 인생의 길처럼 여행에서 예상치 못한 사건이 일어나도 그녀의 기행벽은 가볍기만 하다. 그중에서 영국의 광활한 초원을 지켜보았던

경이감을 적은 「초원의 빛이여」는 지나간 청춘에 대한 아쉬움과 현실을 긍정하는 담박한 심지가 박혀 있다. 「발길 따라서」는 미국과 유럽을 오가는 가운데 그녀가 느낀 심정을 "발 가는대로 구름에 달 가듯"한 길로 표현하여 생의 무게를 내려놓으려는 자아를 보여준다.

노려의 여행기는 취재 형식과 비슷하다. 생생한 현장성과 담백한 문장은 칼럼이 보여주는 지성미를 풍겨낸다. 이러한 기법으로 이루어진 이민수필은 자수성가형 노력, 타 문화와의 갈등, 그리고 고향으로의 귀환으로 구분된다.

아버지에 대한 회상은 예술가 집안이라는 핏줄을 바탕으로 한다. 평양에서 태어난 아버지는 미술감독, 극작가, 시나리오 작가이면서 영화배우로 활약했던 노능걸 씨이다. 아버지의 이미지는 "선글라스를 쓴 멋쟁이"와 "시대를 잘못 태어난 예술가"로서 자랑과 슬픔의 대상으로 등장한다. 하지만 아버지를 회상하는 심정에 원망도 후회가 없지만 그의 끼가 자식들에게 전해지고 있는 사실은 부인하지 않는다.

「어머니의 봄」, 「허드슨 강변에 살자」, 「엄마랑 밥 먹으러」, 「갈퀴달과 뷔너스」는 88세 어머니를 그려내는 4부작 사모곡이다. 나이 든 딸이 더 늙은 어머니를 생각하는 「엄마랑 밥 먹으러」와 「갈퀴달과 뷔너스」에는 어머니를 생각하는 딸의 마음이 절절히 배어 있다. 「허드슨 강변에 살자」는 뉴욕 한복판을 가로

지르는 허드슨 강과 "엄마야 누나야"라고 노래했던 고향 강변의 이미지를 함께 버무려낸다. "허드슨 강이 내게는 한 줄기 희망"이었다고 말할지라도 작가는 어머니와 함께 살았던 시공을 잊지 못한다. 그 토속적 서정이 어울린 작품이 「갈퀴달과 뷔너스」이다.

가슴이 뛰었다.

'아. 엄마가 말 하던 게 저거구나.' 벌떡 일어나 카메라를 찾았다. 20년 넘게 혼자 사시는 엄마의 중요한 일과는 창밖 내다보기다. 요즈음 끄떡하면 창을 내다보는 나를 발견한다. '너도 내 나이 되어봐라.' 하던 어머니의 말이 여기저기 맞아 떨어지고 있는 가운데, 하늘 쳐다보는 일까지 그 나이가 되고 있는 것이다.

-「갈퀴달과 비너스」 일부

짙은 청색 하늘을 배경으로 가느다란 나뭇가지에 걸린 달 속에서 늙은 어머니를 만난다. 그러므로 한국 나들이를 계획하는 일정에는 "엄마랑 밥 먹으러" 가려는 딸로서의 심정이 절박하게 깔려있다. 돌아올 때 "엄마, 내년 봄에 또 올거야"라고 다짐하지만 현실은 여의치 못하고 왜 미국에 주저앉았는가를 탄식할 수밖에 없다.

그녀가 돌아가야 할 또 다른 고향은 미적 세계이다. 본인이

게으름이라고 고백하듯 그림을 그리지 않는다. 전시회를 취재하고 화가를 인터뷰하지만 "우리집 벽에는 내가 그린 그림은 걸려 있지 않다" 는 아쉬움이 있다. 당연히 그림과 재회하려는 소망이 수필에 접목된다. '그림을 알려면 화가를 먼저 알아라'는 잠언을 담은 「엘 그레코와의 재회」, 이우환 씨의 붓 그림을 취재한 「뮤지움 데이」, 70세 나이에 그림을 그리기 시작한 모세즈 할머니를 소개하는 「그랜마 모세즈」는 화가가 되고 싶은 초자아를 등장시킨 수필들이다.

> 나의 후손들이 우리 집의 역사라면서 간직할 수 있는 그림을 그려야겠다. 어릴 때처럼, 밥 먹고 나서 할 일이 없어서 그림만 그릴 때가 다시 오는가 보다. 그림을 그리고 싶은 마음이 슬슬 일어난다. -「그림 그리기」 일부

'노려의 일생'은 '노력'하는 달리기 인생이다. 그녀가 수필로 자신의 예술적 끼를 일부 소화했다면 다음에는 붓과 스케치북을 들고 "화실에서 화랑으로" 뛰어 달리는 모습으로 등장할 것이다. 미국에 정착한 후 "강변 살자"는 꿈을 품었듯이 그녀는 그림으로 회귀하려는 자아를 상상한다. 그랜드 센트럴 역이 이민자로서의 삶을 이루어낸 광장이라면 "흰 테두리의 빨간 튤립"은 화가 노려가 지닌 생명력과 미적 영감의 형상물이라 하겠다. 그러므로 허드슨 강변과 그랜드 센트럴 스테이션 광장과 흔하지

않은 종류의 튤립 이미지가 어울린 노려의 인생취재는 간절하리만큼 치열한 자신에 대한 말하기의 결미이다.

필심으로 방점을 찍고

수필은 자화상이다. 노려 작가가 자신의 자화상을 언어로 완성할 때 "가느다란 붓으로 세세하게 묘사한 중세기 사실화"라고 명명한다. 세밀화 같은 수필만이 자신의 삶을 제대로 담아낸다고 확신하는 작가는 외적 행위가 아니라 "속마음 그대로의 나"를 취재대상으로 삼는다. 이러한 작가의식으로 구축된 수필에 자기 합리화가 끼어들 수 없다. 내가 나에게 들려주는 고백은 신에게 바치는 기도문으로서 우리 모두가 주인공이 된다. 왜냐하면 진심에서 우러나온 나상의 수필은 동시대의 공간을 살아가는 사람에게 무한한 신뢰를 주기 때문이다.

노려의 글에는 커피 냄새와 잉크 냄새와 그림물감 냄새가 어울려 있다. 그러면서도 비 내리는 날에 만들어 먹는 부추전처럼 시린 마음을 달래주는 한국적인 온기도 지닌다. 이민 노인자들이 한 잔의 커피로 하루 종일 머물 수 있는 카타리나 다방을 차리고 싶다고 말하는 노려는 가벼운 글이 난무하는 글 홍수 시대에 맑은 필심(筆心)으로 뉴욕 한인 이민자들의 연대기를 뽑아낸다. 무엇보다 재미동포들에게 희망의 빛을 던지는 '한 여자'의 인생론을 완성하였다.